1 部首・画数・筆順

〈漢字・語句①〉

［　月　日］

重要ポイントTOP3

部首の位置
部首は、位置によって七つに分類される。場所と部首名を合わせて覚える。

画数に注意する漢字
画数を間違えやすい漢字は、まとめて覚える。部首に注目してもよい。

漢字の筆順の決まり
漢字の筆順には決まりがある。守って書くと、正しく美しい漢字を書ける。

1 漢字の部首

部首とは……漢字を、字の意味や形から分類したもの。

①へん

イ［にんべん］
…［…んべん］

②つくり

刂［りっとう］「列」「刻」など
頁［おおがい］

③かんむ…

…［…り］
…［…］

④あし

灬［れんが・れっか］
⺗［したごころ］

⑤たれ

厂［…たれ］
广［まだれ］「広」「度」など

⑥にょう

辶［しんにょう しんにゅう］
廴［えんにょう］

⑦かまえ

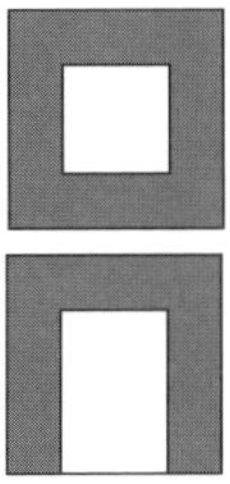

囗［くにがまえ］
匚［かくしがまえ］「区」「医」など
門［もんがまえ］

2 漢字の画数

漢字を組み立てる、楷書《かいしょ》で書いた一筆の線を一画と数える。

◆画数を間違《まちが》えやすい漢字の例◆

・糸（○六画　×七画）
・延（○八画　×七画）
・飛（○九画　×十一画）
・郵（○十一画　×十画）

得点アップ 画数を間違えやすい部首には、「辶（しんにょう）」（三画）、「癶（はつがしら）」（五画）などがある。

3 漢字の筆順

筆順の主な決まり

①上から下へ書く（例言…丶亠亠亠言言言）
②左から右へ書く（例州…丶丿丿州州州）
③横の画を先に書く（例用…丿冂月月用）「田」「王」は例外なので注意（丨冂冂田田・一丁干王）
④中心から左右へ書く（例赤…一十土赤赤赤赤）
⑤外側から内側へ書く（例国…丨冂冂冂国国国国）
⑥左はらいから右はらいへ（例父…丿八グ父）
⑦全体をつらぬく縦画は最後（例中…丨口口中）
⑧全体をつらぬく横画は最後（例母…乚母母母母）「世」は例外なので注意（一十廿廿世）
⑨横の画と左はらいは短いほうが先（例右…ノナ右右右）

得点アップ 決まりどおりでないものを覚えておこう。
例「起」（一十土キ丰走走起起）「方」（丶亠方方）

サクッと練習

目標時間10分

分

〔　月　日〕

1

次の漢字の部首名をそれぞれあとから選び、記号で答えなさい。

(1) 照〔　　〕　(2) 原〔　　〕

(3) 住〔　　〕　(4) 因〔　　〕

(5) 思〔　　〕　(6) 登〔　　〕

(7) 病〔　　〕　(8) 建〔　　〕

(9) 深〔　　〕　(10) 刻〔　　〕

ア にんべん　**イ** さんずい　**ウ** りっとう

エ はつがしら　**オ** れんが　**カ** こころ

キ やまいだれ　**ク** がんだれ　**ケ** くにがまえ

コ えんにょう

2

次の漢字は何画で書くか。漢数字で答えなさい。

(1) 策〔　　〕画　(2) 密〔　　〕画

(3) 将〔　　〕画　(4) 映〔　　〕画

(5) 奏〔　　〕画　(6) 机〔　　〕画

(7) 痛〔　　〕画　(8) 看〔　　〕画

(9) 補〔　　〕画　(10) 系〔　　〕画

3

次の漢字は、画数を間違《まちが》えやすい漢字である。画数を、漢数字で書きなさい。

(1) 極〔　　〕画　(2) 近〔　　〕画

(3) 飛〔　　〕画　(4) 放〔　　〕画

(5) 節〔　　〕画　(6) 気〔　　〕画

(7) 夏〔　　〕画　(8) 糸〔　　〕画

(9) 弓〔　　〕画　(10) 出〔　　〕画

ココ注意!

筆順の決まりに注意して、一画ずつ確認しながら数えること。

4

次の漢字の赤で示した部分は、何画目に書くか。漢数字で答えなさい。

(1) 左〔　　〕画目　(2) 赤〔　　〕画目

(3) 楽〔　　〕画目　(4) 発〔　　〕画目

(5) 臣〔　　〕画目　(6) 残〔　　〕画目

(7) 帯〔　　〕画目　(8) 非〔　　〕画目

(9) 区〔　　〕画目　(10) 性〔　　〕画目

漢字・語句②

熟語の構成・類義語・対義語

重要ポイントTOP3

熟語はその構成を考えることで意味を推測することができる。漢字相互の関係を考えよう。

類義語 意味がよく似ているので違いを知り適切な使い方を理解することが大切である。

対義語 ある言葉の対義語を考えることで、言葉の意味を理解することができる。

［　月　日］

1 熟語の構成

熟語とは…複数の漢字が組み合わさって一つの単語のように使われているもの。主に八種類の構成に分けられる。

二字熟語も三字熟語も基本的には同じように考える。

①似ている意味の字を重ねたもの。　例 道路・出発・豊富

②反対の意味の字を重ねたもの。　例 善悪・長短・強弱

③上の字が下の字を修飾しているもの。　例 直線・親友・青空

④上が動作、下が目的や対象の字になっているもの。　例 入学・着陸・企画

⑤主語・述語の関係になっているもの。　例 雷鳴・日没・県営

⑥否定の語が上についているもの。　例 未然・不安・非常

⑦状態を表す接尾語がついているもの。　例 急性・突然・強化・具体的

⑧同じ字を重ねたもの。　例 転々・洋々・青々

2 類義語

ほぼ同じ意味をもつ言葉。

熟語以外の「笑う―ほほえむ」なども類義語である。

運搬《うんぱん》（人や物を他の場所に移すこと）
運送（人や物を運ぶこと）

追憶《ついおく》（過ぎたことを思い出すこと）
回想（過去のことを思い出すこと）

3 対義語

ほぼ反対の意味をもつ言葉。対照的に使われるものもある。

得点アップ 対義語が一つだけではない場合もある。
例 欠点―長所・美点／複雑―単純・簡単

①意味が反対の関係　例 上―下／右―左／公―私

②対立関係　例 内容―形式／明るい―暗い

③向きが反対の関係　例 行く―来る／下車―乗車

④対照的な関係　例 大部分―一部分／普遍《ふへん》―特殊

⑤否定の漢字が上につく関係　例 安心―不安／有名―無名

サクッと練習

目標時間10分　　分

1

次の熟語の構成をそれぞれあとから選び、記号で答えなさい。

(1) 頭痛［　　］　(2) 消火［　　］
(3) 大空［　　］　(4) 得失［　　］
(5) 延々［　　］　(6) 合理的［　　］
(7) 減少［　　］　(8) 未解決［　　］

ア 似ている意味の字を重ねたもの。
イ 反対の意味の字を重ねたもの。
ウ 上の字が下の字を修飾《しゅうしょく》しているもの。
エ 上が動作、下が目的や対象の字になっているもの。
オ 主語・述語の関係になっているもの。
カ 否定の語が上についているもの。
キ 状態を表す接尾語がついているもの。
ク 同じ字を重ねたもの。

2

次の熟語と構成が同じものをそれぞれ選び、記号で答えなさい。

(1) 整然　ア 高原　イ 急性　ウ 本来［　　］
(2) 読書　ア 抜群《ばつぐん》　イ 新年　ウ 地震《じしん》［　　］
(3) 温暖　ア 上昇　イ 寒暖　ウ 学校［　　］
(4) 松竹梅　ア 入学式　イ 非常口　ウ 雪月花［　　］

3

次の文の（　）にあてはまる言葉を（　）内から選び、記号で答えなさい。

(1) 予感が（ア 的中　イ 命中）する。［　　］
(2) お客様を（ア 応対　イ 応接）間に案内する。［　　］
(3) 早寝《はやね》早起きの（ア 風習　イ 習慣）をつける。［　　］
(4) 計算の（ア 方法　イ 手段）を見直す。［　　］
(5) （ア 堅実《けんじつ》　イ 確実）な生き方をする。［　　］

ココ注意！　使い方に注意して、適切な語句を選ぶこと。

4

次の言葉の対義語をそれぞれあとから選び、記号で答えなさい。

(1) 創造［　　］　(2) 意外［　　］
(3) 集中［　　］　(4) 逃げる［　　］
(5) 異色［　　］　(6) 一致［　　］
(7) 登場［　　］　(8) 他人［　　］
(9) 建設［　　］　(10) 保留［　　］

ア 当然　イ 分散　ウ 相違《そうい》
エ 平凡　オ 追う　カ 破壊《はかい》
キ 模倣《もほう》　ク 身内　ケ 決定
コ 退場

〈漢字・語句③〉

ことわざ・慣用句・故事成語

[　月　日]

1 ことわざ

庶民《しょみん》の生活や古典の語句から生まれ、人生の知恵《ちえ》を表すもの。比喩《ひゆ》的な表現が多いので意味をきちんと覚えよう。

・聞くは一時《いっとき》の恥《はじ》、聞かぬは一生の恥（知らないことを他人に聞くのが恥《は》ずかしくてそのままにしておくと、一生知らないことになりもっと恥ずかしい思いをすること）

〈反対の意味を表すことわざ〉

・虻蜂《あぶはち》取らず（二つのものを同時に手に入れようとしてどちらも手に入れられなくなること）

↕一石二鳥（一つのことから同時に二つの利益を手に入れること）

「一石二鳥」と同じ意味を表すことわざに「一挙両得」がある。

・年寄りの冷や水（年に似合わない危うい行い）

↕亀《かめ》の甲より年の功（長年の経験には価値があること）

〈同じ意味を表すことわざ〉

・猫《ねこ》に小判＝豚《ぶた》に真珠《しんじゅ》（価値があるものを与《あた》えてもその価値がわからない者には無意味なこと）

重要ポイントTOP3

ことわざ それぞれの内容が反対や同じ意味を表すものもある。組み合わせてまとめて覚える。

慣用句 体に関する言葉の含まれるものが多い。場面に応じた使いかたを覚える。

故事成語 言葉と故事（もとになる昔から伝わる話）を関連づけて覚える。

2 慣用句

二語以上の言葉が結びついてできたもので、もとの意味とは違った意味を表す。

・足が出る（予算を超《こ》える）

・痛くもない腹を探《さぐ》られる（やましくないのに疑われる）

・腕《うで》が鳴る（力をあらわそうとしてじっとしていられない）

・口がかたい（軽々しくしゃべらない）

・額を集める（何人かが集まって相談する）

3 故事成語

昔から伝わっている故事（出来事）からできたもの。教訓的な意味を含む。

読み方に注意しよう。

・圧巻《あっかん》（最もすぐれている作品や部分）

・温故知新《おんこちしん》（古いことを研究することで新しいことに気づく）

・隗《かい》より始めよ（言い出した者から始めよ）

・隔靴掻痒《かっかそうよう》（もどかしいこと）

・木に縁《よ》りて魚《うお》を求む（方法を間違《まちが》っては目的を達成できない）

サクッと練習

［　月　日］

10

目標時間10分

分

1

次のことわざの意味をそれぞれあとから選び、記号で答えなさい。

(1) 下手の考え休むに似たり

(2) 餅《もち》は餅屋

(3) 飛んで火に入る夏の虫

(4) 提灯《ちょうちん》に釣《つ》り鐘《がね》

(5) 竹馬の友

ア 自らわざわいに身を投ずることのたとえ。

イ よい知恵《ちえ》もないのにいくら考えても時間のむだである。

ウ 物事のつり合いが悪いことのたとえ。

エ 物事にはそれぞれに専門家がいる。

オ 幼い頃《ころ》の友だち、幼なじみ。

2

次のことわざと同じ意味のことわざをそれぞれあとから選び、記号で答えなさい。

(1) ぬかに釘《くぎ》

(2) 身から出たさび

(3) 猿《さる》も木から落ちる

(4) 紺屋《こうや》の白袴《しろばかま》

(5) 石橋をたたいて渡《わた》る

ア 転ばぬ先の杖《つえ》　イ 自業《じごう》自得　ウ 医者の不養生

エ 豆腐《とうふ》にかすがい　オ 河童《かっぱ》の川流れ

3

次の慣用句の（　）にあてはまる漢字一字を書きなさい。

(1) （　）に汗を握《にぎ》る

(2) あげ（　）をとる

(3) （　）身がせまい

(4) 一線を（　）す

(5) 根掘《ほ》り（　）掘り

(6) 歯の（　）が合わない

(7) 火に（　）を注ぐ

4

次の意味を表す故事成語をそれぞれあとから選び、記号で答えなさい。

(1) 心にわだかまりがなく静かに澄《す》んだ心境。

(2) 人と協調するが、おもねらない。

(3) 無用の心配をすること。

(4) 違《ちが》いがあるようでそれほど変わりがないこと。

(5) 微力《びりょく》でも根気よく努力すれば成功するということ。

ア 和して同ぜず　イ 五十歩百歩　ウ 杞憂《きゆう》

エ 明鏡止水《めいきょうしすい》　オ 雨垂れ石をうがつ

ココ注意!

故事成語は、もとになっている故事を知ると意味を理解しやすくなる。

4 文法①
文の組み立て

1 文の成分

文を、意味や発音が不自然にならない程度に短く区切った一区切りの言葉を文節という。文節が果たす役割には、主語・述語・修飾《しゅうしょく》語・接続語・独立語の五つの種類がある。

①**主語**…「何（だれ）が」にあたる文節。

例 ねこが屋根の上にいる。 （「屋根の」「上に」は修飾語。）

②**述語**…「どうする」「どんなだ」「何だ」にあたる文節。

例 チューリップの花が咲いた。 （「花が」は主語。）

③**修飾語**…ほかの文節を詳《くわ》しく説明する文節。

例 先生がゆっくりと話した。 （「先生が」は主語。「話した」は述語。）

④**接続語**…文と文、文節と文節をつなぐ文節。

例 暑いので、上着を脱《ぬ》いだ。 （「脱いだ」は述語。主語は省略されている文。）

⑤**独立語**…ほかの文節と直接の関係がなく、独立性の高い文節。

例 はい、それは私の本です。

2 文節どうしの関係

①**主・述**の関係…「何（だれ）が～どんなだ（どうする・何だ）」のような関係。

例 木の枝が（主語）風でゆれる（述語）。

②**修飾・被修飾**の関係…修飾する文節と修飾される文節との関係。

a 連体修飾語の場合（被修飾語が体言を含む）

例 高原に白い（修飾語）花が（被修飾語）咲いている。

b 連用修飾語の場合（被修飾語が用言を含む）

例 天気がよいのでのんびり（修飾語）歩こう（被修飾語）。

③**接続**の関係…原因や理由などを表す接続語と、あとに続く文節との関係。

例 風が強かった。だから外出をひかえた。

④**独立**の関係…独立語と、それ以外の文節との関係。

例 誠実さ、それが大切だ。

得点アップ 独立語はほかの文節と直接むすびつくことはない。

3 連文節

二つ以上の文節がつながったものを連文節と呼ぶ。次の関係は、必ず連文節になる。

・並立の関係 例 姉も兄もよく勉強する。

・補助の関係 例 走って - いく　やって - みる

得点アップ 並立の文節の位置を入れかえても、文の意味が変わらない。

重要ポイントTOP3

文を文節に区切る場合、文節の区切りに「ネ」を入れるとよい。

文を理解するため、文節が「主語・述語・修飾語・接続語・独立語」のどの成分にあたるのかを考える。

文の成分の関係には、「主・述の関係」「修飾・被修飾の関係」「接続の関係」「独立の関係」などがある。

［　月　日］

[　月　日]

サクッと練習

目標時間10分

分

1

次の文の文節の数を漢数字で書きなさい。

(1) あたたかな風が吹《ふ》いたような気がした。 [　　]

(2) これが皆で考えた結論である。 [　　]

(3) 二人はお互いにはやく走ろうと競い合っていた。 [　　]

2

次の文の――線部の文の成分をそれぞれあとから選び、記号で答えなさい。

(1) 朝からいそがしくて、遊びにいけそうにない。 [　　]

(2) 姉は箱からお菓子を出した。 [　　]

(3) ろうそくの火が明るく輝《かがや》いた。 [　　]

(4) 理由を聞かれた。しかし、彼はだまっていた。 [　　]

(5) 彼はボールを向こうへ投げた。 [　　]

(6) 白いマフラーは私の大切なものだ。 [　　]

(7) あそこの花、あれが探《さが》していた花だ。 [　　]

(8) あまくてやわらかいケーキを食べた。 [　　]

(9) おはよう、と元気よくあいさつをする。 [　　]

(10) 大きなカバンの中身は何冊もの本だった。 [　　]

ア 主語　イ 主部　ウ 述語

エ 述部　オ 連体修飾《しゅうしょく》語　カ 連体修飾部

キ 連用修飾語　ク 連用修飾部　ケ 接続語

コ 接続部　サ 独立語　シ 独立部

3

文節と文の成分について説明が正しいものには○を、誤っているものには×を書きなさい。

(1) 独立語には文と文をつなぐはたらきがある。 [　　]

(2) 主語は省略されることもある。 [　　]

(3) 原則として修飾語は被修飾語の前にある。 [　　]

4

次の文の二つの――線部の関係をそれぞれあとから選び、記号で答えなさい。

(1) どこで 買ったノートなのか尋《たず》ねた。 [　　]

(2) 子犬はうれしそうに走った。 [　　]

(3) 風が強ければ、遠足は中止だ。 [　　]

(4) マフラーと 手袋を買いにいく。 [　　]

(5) 新しい 飛行機に乗る。 [　　]

ア 主・述の関係　イ 連体修飾語と被修飾語の関係

ウ 連用修飾語と被修飾語の関係　エ 接続の関係

オ 並立の関係

ココ注意！

接続の関係は、前の文節が原因などを表してあとの文節とつながる。

5 文法②

品詞の種類・活用のない自立語

[　月　日]

重要ポイントTOP3

- 品詞には自立語と付属語があり、さらに活用のあるなしで分けられることを理解する。
- 名詞・副詞・連体詞・接続詞・感動詞は、自立語で活用のない品詞であることを理解する。
- 文中の名詞・副詞・連体詞・接続詞・感動詞のはたらきを理解し、それぞれの品詞を区別する。

1 品詞の種類

得点アップ　用言（動詞・形容詞・形容動詞）は述語になる単語、体言（名詞）は主語になる単語。

文節は単語に分けることができる。単語は言葉の最小単位で、はたらきによって十種類の品詞に分けられる。

単語
- 自立語
  - 活用がある……動詞・形容詞・形容動詞（動詞、形容詞、形容動詞を合わせて用言という。）
  - 活用がない……名詞・副詞・連体詞・接続詞・感動詞（名詞のことを体言という。代名詞は名詞に含まず、独立した品詞として考えることもある。）
- 付属語
  - 活用がある……助動詞
  - 活用がない……助詞

2 活用のない自立語（名詞・副詞・連体詞・接続詞・感動詞）

① 名詞＝人やものなどの名前、事柄《ことがら》を表す単語。

普通名詞…一般的なものの名前を表す。例 紙・ボール

固有名詞…人名や地名などの名前を表す。例 日本

代名詞…人やもの、事柄を指し示す。例 私・これ・あれ

数詞…数や量などを表す。例 一個・一メートル

形式名詞…本来の意味は薄れ、形式的な名詞。（形式名詞はひらがなの場合が多い。）

例 時間が遅いため外出をやめた。

② 副詞＝主に用言（動詞や形容詞、形容動詞）を修飾《しゅうしょく》する連用修飾語になる。（体言を修飾することもある。）「〜ない」「〜だろう」「〜なら」などと呼応する語もある。

例 必ず行く。とても早い。大変静かだ。

③ 連体詞＝体言（名詞）を修飾する連体修飾語になる。

例 あの本・ある日・大きなボール・あらゆる種類

④ 接続詞＝前後の文や文節、単語などをつなぐ。

並列・累加…前後の事柄を並べたり、付け加えたりする。

例 そして・しかも・そのうえ

順接…前に述べられた理由をもとに直後で結果を表す。

例 だから・したがって・ゆえに

逆接…前に述べられたことと逆の内容を直後で表す。

例 だが・しかし・けれど

転換《てんかん》…直後で話題を変える。

例 ところで・さて・では　など

⑤ 感動詞＝応答や感動などを表す。独立語になる。

サクッと練習

[　月　日]

目標時間10分

分

1

次の説明にあてはまる品詞をそれぞれあとからすべて選び、記号で答えなさい。

(1) 付属語で活用がある単語。 [　　]

(2) 自立語で活用がある単語。 [　　]

(3) 付属語で活用がない単語。 [　　]

(4) 自立語で活用がない単語。 [　　]

(5) 主に動詞や形容詞、形容動詞を修飾《しゅうしょく》する単語。 [　　]

(6) 人やものなどの名前を表す単語。 [　　]

(7) 体言を修飾する単語。 [　　]

(8) 前後の文や文節、単語などをつなぐ単語。 [　　]

ア 動詞　イ 形容詞　ウ 形容動詞　エ 名詞

オ 副詞　カ 連体詞　キ 接続詞　ク 感動詞

ケ 助動詞　コ 助詞

2

次の文の名詞の数を漢数字で書きなさい。

(1) 子どもが大きな声で歌っている。 [　　]

(2) 八パーセントの濃度《のうど》の食塩水をつくる。 [　　]

(3) 遠足を楽しみにしている。 [　　]

(4) 近道を探すという考えに賛成をする。 [　　]

(5) 今のうちにエジソンの偉人《いじん》伝を読んでおこう。 [　　]

3

次の文の――線部の単語の品詞をそれぞれあとから選び、記号で答えなさい。

(1) どの色の絵の具を使いますか。 [　　]

(2) もう一度チャンスがある。 [　　]

(3) いかなる理由も認められない。 [　　]

(4) これは彼のノートだ。 [　　]

(5) もちろんすべて理解している。 [　　]

ア 名詞　イ 副詞　ウ 連体詞

ココ注意！
(2)は体言を修飾している副詞である。

4

次の文の（　）にあてはまる接続詞をそれぞれあとから選び、記号で答えなさい。

(1) 明日は遠足だ。（　）明日は晴れるだろうか。 [　　]

(2) 帽子をかぶった。（　）日差しが強かったからだ。 [　　]

(3) 図書館に行き、（　）公園へ行こう。 [　　]

(4) 妹（　）弟のどちらかがいる人は五人いる。 [　　]

(5) 努力をした。（　）成功した。 [　　]

(6) 晴れの予報が出ていた。（　）雨が降った。 [　　]

ア だから　イ けれど　ウ それから

エ なぜなら　オ あるいは　カ ところで

6 活用のある自立語

文法③

［　月　日］

1 活用のある自立語

語形が変化する単語で、述語になることができる。動詞、形容詞、形容動詞がある。

2 動詞

得点アップ
自動詞と他動詞
・自動詞…それ自身の動作、作用を表す。
・他動詞…ほかのものや人に対する動作、作用を表す。

① はたらき
動作、作用、存在を表し、「ウ」の段の音で言い切る。

② 動詞の活用

a 五段活用（未然形が「～（母音がア）ない」）

基本形	未然形	連用形	終止形	連体形	仮定形	命令形
続きかた	ない・う	た・て・ます	言い切り	とき・もの	ば・ども	―
行く	か・こ	き・っ	く	く	け	け

b 上一段活用（未然形が「～（母音がイ）ない」）

基本形	未然形	連用形	終止形	連体形	仮定形	命令形
見る	み	み	みる	みる	みれ	みよ・みろ

c 下一段活用（未然形が「～（母音がエ）ない」）

基本形	未然形	連用形	終止形	連体形	仮定形	命令形
得る	え	え	える	える	えれ	えよ・えろ

d カ行変格活用（「来る」のみ）

基本形	未然形	連用形	終止形	連体形	仮定形	命令形
来る	こ	き	くる	くる	くれ	こい

e サ行変格活用（「する」「～する」のみ）

基本形	未然形	連用形	終止形	連体形	仮定形	命令形
する	さ・し・せ	し	する	する	すれ	せよ・しろ

重要ポイントTOP3

- 自立語で活用があるものは動詞、形容詞、形容動詞だと理解し、それぞれの品詞を区別できるようにする。
- 動詞の五つの活用の種類と区別のしかたを理解する。また、活用のしかたを覚える。
- 形容詞の活用の種類は一つ、活用動詞は二つで、命令形はない。

3 形容詞

得点アップ
補助用言…補助動詞と補助形容詞のこと。実質的な意味が薄れ補助的なはたらきをする動詞や形容詞である。
例 走っている。熱くはない。

① はたらき…事柄《ことがら》の性質や状態を表し、「い」で言い切る。

② 形容詞の活用

基本形	未然形	連用形	終止形	連体形	仮定形	命令形
美しい	かろ	かっ・く・う	い	い	けれ	―

4 形容動詞

① はたらき…事柄の性質や状態を表し、「だ」で言い切る。

② 形容動詞の活用

基本形	未然形	連用形	終止形	連体形	仮定形	命令形
静かだ	だろ	だっ・で・に	だ	な	なら	―
大切です	でしょ	でし	です	（です）	―	―

サクッと練習

目標時間10分　分

月　日

1

次の文の——線部の品詞名をそれぞれあとから選び、記号で答えなさい。

(1) 毎日のつらい練習を乗り越えて優勝した。

(2) 運動会を中止する。

(3) 大勢の人が集まってにぎやかだ。

(4) 雄大《ゆうだい》な自然に圧倒《あっとう》される。

(5) せまい道幅《みちはば》なのでゆっくり進んだ。

(6) 明日は六時に起きよう。

ア 動詞　イ 形容詞　ウ 形容動詞

2

次の文の——線部の動詞の活用の種類をそれぞれあとから選び、記号で答えなさい。

(1) ヒマワリの茎《くき》が伸びた。

(2) 病院なので静かにしよう。

(3) 早く寝《ね》れば早く起きられる。

(4) 夏休みに海で泳いだ。

(5) 弟に本を貸しました。

(6) 小学生が楽しそうに話しながら来た。

(7) 必要な道具を用いる。

ア 五段活用　イ 上一段活用　ウ 下一段活用
エ カ行変格活用　オ サ行変格活用

3

次の文の（　）の用言を適切な形に活用させて平仮名で書きなさい。

(1) よく（読む）ばわかる。

(2) 毛筆で（書く）た字を飾《かざ》る。

(3) （元気だ）ば外で遊ぼう。

(4) 検査をした（安全だ）自転車に乗るべきだ。

(5) 家族と一緒《いっしょ》に食事を（する）ます。

(6) 呼んでも犬がこちらに（来る）ない。

(7) 今日はもう本を（読む）ない。

4

次の文の——線部の活用形をそれぞれあとから選び、記号で答えなさい。

(1) 美しく輝《かがや》く宝石を見つめる。

(2) 重くて持てない。

(3) バラの花が美しかった。

(4) 楽しい時間をすごす。

(5) 電気を消す。

ア 未然形　イ 連用形　ウ 終止形
エ 連体形　オ 仮定形　カ 命令形

ココ注意！
語尾が続く形から活用形を考える。

7

文法④

助詞

[　月　日]

1 助詞

① 活用がない付属語。単語と単語の関係を示したり、意味をそえたりする。単独で文節をつくることはない。

② 使われかたやはたらきによって格助詞、接続助詞、副助詞、終助詞の四つに分類される。

2 助詞の種類とはたらき

得点アップ 「私は中学生だ」の「は」は、他と区別して取り立てていうという意味。格助詞ではなく副助詞である。

① 格助詞

・主に体言につく。

・文中で主語、連体修飾語、連用修飾語などをつくる。

格助詞の種類と意味の例
と…相手（姉と）結果（会長となる）並立（AとB）
の…所有（私の）主語（雨の降る音）
に…場所（東京に）時（五時に）結果（春になる）などがある。

・あとの文の成分との関係を示す。

例 が…主語を示す。（犬がほえる。）
の…連体修飾語や主語を示す。（風の強い日。）

「もっと安いのをさがす」の―線部は、「もの」の代わりに使われている。このように体言に準じているものは準体助詞という。

② 接続助詞

・活用のある用言や助動詞について接続語をつくる。

同じ形でも意味が異なる場合もある。
（例）ジュースを飲みながらテレビを見た。（同時）
注意を受けていながら間違えた。（逆接）

・接続語のあとの文の成分との関係を示す。

・順接、逆接、並立・同時、補助などの使いかたがある。

例 から、ので…順接（のどがかわいたので水を飲む。）
けれど、のに…逆接（夏だけれど涼しい。）
たり…並立・同時（行ったり来たりする。）
て、で…補助（見ておく。）

③ 副助詞

・いろいろな語についていろいろな意味を加える。

例 ほど…程度（一時間ほどでき上がる。）
さえ…限定（雨さえ降らなければ遠足に行ける。）
でも…類推（小さい子どもでもわかる。）
こそ…強調（今度こそがんばろう。）

④ 終助詞

・文や文節の終わりについて、書き手や話し手の気持ちや態度を示す。

例 か…疑問（明日は雨が降るのか。）
な…禁止（廊下を走るな。）
よ…勧誘（明日の午前中に遊ぼうよ。）

重要ポイントTOP3

助詞の種類
格助詞、接続助詞、副助詞、終助詞の四つについて違いを理解しておくこと。

文の中の助詞が格助詞、接続助詞、副助詞、終助詞のどれにあたるか区別できるようにしよう。

同じ助詞でも使われかたで意味が異なることがある。表などにまとめて整理しておくとよい。

サクッと練習

目標時間10分　分

〔　月　日〕

1

助詞の説明をした次の文の正しいものには○を、誤っているものには×を書きなさい。

(1) 終助詞は連体修飾《しゅうしょく》語になる。〔　〕
(2) 副助詞はいろいろな意味を付け加える。〔　〕
(3) 格助詞は主に用言につく。〔　〕
(4) 格助詞は主語をつくる。〔　〕
(5) 副助詞は接続語をつくる。〔　〕
(6) 接続助詞は用言や助動詞などにつく。〔　〕

2

次の文の――線部の助詞の種類をあとから選び、記号で答えなさい。

(1) 夜になると星が見える。〔　〕
(2) 遊びにいかないの。〔　〕
(3) かぜで学校を休んだ。〔　〕
(4) りんごでも食べようかな。〔　〕
(5) 姉と私で買物へ行った。〔　〕
(6) 鳥の声が聞こえる。〔　〕
(7) 薬を飲んでも熱が下がらない。〔　〕
(8) 鉛筆《えんぴつ》を五本ほど持っていく。〔　〕

ア 格助詞　イ 副助詞　ウ 接続助詞　エ 終助詞

3

次の文の――線部の助詞の意味をあとから選び、記号で答えなさい。

(1) 試合のことばかり考えている。〔　〕
(2) 積み重ねた練習が勝利につながる。〔　〕
(3) 悔《くや》しさを忘れるな。〔　〕
(4) 寒さに耐《た》え切れない。〔　〕
(5) 今度こそ優勝したい。〔　〕
(6) 夜が明けた。〔　〕
(7) 好きなのを選ぶ。〔　〕
(8) 野球もサッカーも好きだ。〔　〕
(9) あとで読んでおくこと。〔　〕
(10) 来ないので迎えにいった。〔　〕
(11) まだ歩くの。〔　〕
(12) 雨が降ったけれど遠足へ行った。〔　〕
(13) 雨が降ったりやんだりする。〔　〕

ア 主語を表す　イ 結果を表す　ウ 限定を表す
エ 原因を表す　オ 準体助詞を表す　カ 並立を表す
キ 強調を表す　ク 疑問を表す　ケ 逆接を表す
コ 理由を表す　サ 禁止を表す　シ 補助を表す

ココ注意!
助詞は同じ形で、はたらきや意味が異なる場合もある。

8

助動詞

文法⑤

1 助動詞

助動詞…活用がある付属語。用言や体言につき、意味をつけ加えたりする。単独で文節をつくることはない。

2 助動詞の種類とはたらき

①れる、られる…受け身（先生に怒られる。）可能（六時に起きられる。）自発（子どものころが思い出される。）尊敬（先生が話される。）

②た…過去（漢字の練習をした。）完了（宿題が終わった。）

③ようだ…比喩（海のように広い。）↑「まるで〜ようだ」と補える。
推定（いたずらがばれたようだ。）↑「たぶん〜ようだ」と補える。

④そうだ…様態（暖かくなりそうだ。）↑上の「なり」は連用形。
伝聞（暖かくなるそうだ。）↑上の「なる」は終止形。

⑤だ、です…断定（運動会は延期だ。）↑「おだやかだ」の「だ」は形容動詞の活用語尾である。

⑥らしい…推定（これはおいしいらしい。）

⑦う、よう…意志（本を読もう。）推量（じきに春が来よう。）

⑧まい…打ち消しの意志（二度と遅刻《ちこく》しまい。）
打ち消しの推量（もう雨は降るまい。）など

3 助動詞の活用

助動詞が用言につく場合、用言の活用形はほぼ決まっている。

種類	助動詞	未然形	連用形	終止形	連体形	仮定形	命令形	活用形など
受け身・可能・自発・尊敬	れる	れ	れ	れる	れる	れれ	れろ・れよ	未然形
	られる	られ	られ	られる	られる	られれ	られろ・られよ	
使役	せる	せ	せ	せる	せる	せれ	せろ・せよ	未然形
	させる	させ	させ	させる	させる	させれ	させろ・させよ	
打ち消し	ない	なかろ	なく・なかっ	ない	ない	なけれ	○	未然形
	ぬ（ん）	○	ず	ぬ（ん）	ぬ（ん）	ね	○	未然形
丁寧	ます	ませ・ましょ	まし	ます	ます	ますれ	（まし・ませ）	連用形
過去・完了	た	たろ（だろ）	○	た（だ）	た（だ）	たら（だら）	○	連用形
希望	たい	たかろ	たく・たかっ	たい	たい	たけれ	○	連用形
	たがる	たがら・たがろ	たがり・たがっ	たがる	たがる	たがれ	○	連用形
推定・比喩（丁寧）	ようだ	ようだろ	ようだっ・ようで・ように	ようだ	ような	ようなら	○	連体形など
	ようです	ようでしょ	ようでし	ようです	（ようです）	○	○	
様態	そうだ	そうだろ	そうだっ・そうで・そうに	そうだ	そうな	そうなら	○	連用形など
	そうです	そうでしょ	そうでし	そうです	（そうです）	○	○	
断定	だ	だろ	だっ・で	だ	（な）	なら	○	体言・「の」など
	です	でしょ	でし	です	（です）	○	○	
伝聞	そうだ	○	そうで	そうだ	○	○	○	終止形
	そうです	○	そうでし	そうです	（そうです）	○	○	
推定	らしい	○	らしかっ・らしく	らしい	らしい	○	○	終止形など
意志・推量	う・よう	○	○	う・よう	（う・よう）	○	○	未然形
打ち消しの意志・推量	まい	○	○	まい	（まい）	○	○	終止形・未然形

重要ポイントTOP3

助動詞 活用のある付属語で、同じ形でも異なる意味をもつものがあることを確認する。

助動詞の種類と意味、活用を表にまとめて覚える。

同じ形で意味が異なるものの区別をできるようにしておく。

［　月　日］

目標時間10分　□分　［　月　日］

1

次の文の助動詞をそれぞれ選び、記号で答えなさい。

(1) ア夏休み イの 宿題は ウはやく すませ エよう。 ［　］
(2) ア食べ イたい ウケーキを エたくさん 食べる。 ［　］
(3) ア得意な イことを ほめ ウられて エうれしい。 ［　］
(4) ア太陽の イような ウまぶしい 光 エが 照らす。 ［　］
(5) ア立っ イて ウい エた ところに 座り込む。 ［　］
(6) アペット イに ウ薬を 飲ま エせる。 ［　］
(7) 机 アの 上の イ片付けも ウお願いし エます。 ［　］

2

次の文の（　）にあてはまる助動詞をそれぞれあとから選び、文に合うように活用させて書きなさい。

(1) 早く起き（　）ば、早く寝よう。 ［　］
(2) 雨が降り（　）ば、かさを持っていこう。 ［　］
(3) 呼び止め（　）て振り向いた。 ［　］
(4) 留守中に訪ねてきたのは彼（　）た。 ［　］
(5) 見てきた（　）言い方をする。 ［　］
(6) 明日は公園へ行か（　）てください。 ［　］
(7) そんなことは誰《だれ》も言わ（　）う。 ［　］

そうだ　らしい　ようだ　ない
たい　られる　せる

3

次の文の――線部の助動詞が他とは異なる意味で使われているものをそれぞれ選び、記号で答えなさい。

(1)
ア 練習はこのまま続けられる。
イ 準備ができたので出かけられる。
ウ 先生が昼食を食べられる。
エ やっと寝られる。
［　］

(2)
ア もうすぐ着くそうだ。
イ そろそろ試合が終わりそうだ。
ウ 音楽会があるそうだ。
エ 手を洗ったそうだ。
［　］

ココ注意！ (1)異なるのは尊敬、他は可能。 (2)異なるのは様態、他は伝聞。

4

次の文の――線部の助動詞の意味をそれぞれあとから選び、記号で答えなさい。

(1) そこへは行かぬ。 ［　］
(2) 明日こそは手紙を書こう。 ［　］
(3) 昨日、彼にメッセージを伝えた。 ［　］
(4) 落ち葉で地面がおおわれる。 ［　］
(5) 赤ちゃんが歩かれるようになった。 ［　］

ア 過去　イ 可能　ウ 受け身
エ 意志　オ 打ち消し

9 敬語

文法⑥

1 敬語の種類

①尊敬語…相手や話題になっている人物を尊敬する。

②謙譲《けんじょう》語…自分がへりくだることで相手を敬う。

③丁寧《ていねい》語…話し手や書き手に敬意を表す。

2 尊敬語

得点アップ　尊敬語…相手の言動につける。
謙譲語…自分の言動につける。

①名詞…お父さん、お母さん、あなた、どなた、先生など

②動詞…行く・来る→いらっしゃる（先生がいらっしゃる。）

する→なさる・あそばす（どちらになさいますか。どうぞご覧あそばせ。）

「どちらにいたしますか。」は誤り。「いたす」は自分の行動をへりくだる謙譲語である。

食べる・飲む→あがる・めしあがる

（校長先生がお菓子をめしあがる。）

③お（ご）〜になる（先生がお話しになる。）

④助動詞…れる・られる（先生が字の手本を書かれる。先生が教室に来られる。）

⑤接頭語・接尾語…お食事、ご家族、鈴木様、お客様（お食事をご家族でめしあがる。）

重要ポイントTOP3

尊敬語
相手の言動に用いる。接頭語の「ご」や接尾語の「様」は尊敬語である。

謙譲語
自分をへりくだる。「私」や「家内」など名詞の謙譲語に気をつけよう。

動物が相手の場合、敬語は用いないことに注意しよう。

［　月　日］

3 謙譲語

①名詞…私、せがれ、手前など（私がいたします。）

自分の息子をへりくだっていう言葉。

②動詞…やる→さしあげる（手紙をさしあげる。）

行く・来る→まいる（母がここへ明日まいります。）

言う→申す・申し上げる（結果を申し上げます。）

する→いたす（これで失礼をいたします。）

食べる・飲む→いただく（お茶をいただく。）

③お（ご）〜する（ご案内する。）

④接頭語・接尾語…粗品（粗品をさしあげます。）・小社（小社の商品です。）

4 丁寧語

①補助動詞…ある・いる→ございます・おります（これは私の本でございます。）

②助動詞…です・ます（彼女は私の姉です。自転車で行きます。）

③接頭語…お・ご（お手伝い。ご飯を食べます。）

サクッと練習

目標時間10分　　分

月　日

1

次の文の――線部の敬語の種類をあとから選び、記号で答えなさい。

(1) あなたの出身はどこの国ですか。

(2) 私《わたし》どもにお任せください。

(3) お茶を飲みましょう。

(4) お客様に粗品を渡す。

(5) 落とし物を届けてくれたのはこのかたです。

(6) 私《わたくし》がまいります。

(7) おいしいお弁当を食べよう。

ア 尊敬語　イ 謙譲語　ウ 丁寧語

2

次の文の――線部を敬語に直す場合、適当な敬語の種類をあとから選び、記号で答えなさい。

(1) 先生が家庭訪問に来る。

(2) これは図書館から借りた本だ。

(3) 母が学校に来る。

(4) 先生に手紙を書く。

(5) 先生が注意事項を言う。

(6) 私は先生に鉛筆《えんぴつ》をもらう。

ア 尊敬語　イ 謙譲語　ウ 丁寧語

3

次の文中で使われている敬語が正しいものは○を、誤っているものは抜《ぬ》き出して正しい敬語に直して答えなさい。

(1) 先生の家のお犬はかわいい。

(2) 近いうちにお返事をさしあげる予定です。

(3) 校長先生が生徒の絵を拝見になった。

(4) 母は外出中で今はいらっしゃいません。

4

次の文の――線部を、敬語を用いて書き直しなさい。

(1) 姉がこのように言っておりました。

(2) どうぞお菓子《かし》を食べてください。

(3) 先生が教室へ来る。

(4) 明日、学校へ母が行きます。

ココ注意!

誰の言動を敬語で表すのかを考える。

説明的文章①

指示語・接続語

重要ポイントTOP3

指示語の読み取り　文章の中で何を指しているかを正しく読み取ることが大切。

指示語の指す内容　ふつう指示語の指す内容は、その指示語より前にあることが多い。

接続語の理解　接続語は、言葉と言葉などのつながり方を示す。はたらきを正しく覚えよう。

〔　月　日〕

次の文章を読んで、あとの問いに答えなさい。

地球がなぜ丸いのかを考えたことがありますか。おにぎりの形でもサイコロの形でもなくて、地球が丸くなったのには理由があります。

ワラの束でも、つまようじでも、何百本か束ねてヒモで強くしばると、どうなるでしょう。束ねた断面*は四角にはならなくて丸くなりますね。地球が丸くなったのも、①これと同じ理由です。つまり地球の引力のために、地球は丸いのです。

大雨が降ると崖《がけ》が崩《くず》れます。梅雨《つゆ》の末期や台風のときの大雨は大被害を生むこともあります。一方、川や海が岸を削っていきます。また、風が吹けば山の上からは石が転がり落ちます。なんの関係もない現象に見えますが、じつは私たち地球科学者から見ると、こういった現象はすべて、地球を丸くしていくことなのです。□、ほうっておけば引力のために地球は「丸くなりたい」性質をもっているのです。

（島村英紀《しまむらひでき》「地球がわかる50話」）

＊断面＝ものを切ったときの切り口の表面。

(1) ——線①「これ」は、どういうことを指しているか。次の文の□にあてはまる言葉を、文章中から二字で抜き出しなさい。

ワラの束やつまようじを束ねてヒモで強くしばると、束ねた断面が□なること。

→「これ」にあてはめて意味が通じるように、□に入る言葉を、「これ」より（ 前 ）から探します。

(2) □にあてはまる言葉を次から選び、記号で答えなさい。

ア つまり　イ しかし　ウ または　エ ところで　〔　　〕

接続語の用法とはたらき

用法		はたらき	具体例
順接		理由・原因↓結果・結論	だから・したがって
逆接		食い違《ちが》う内容を続ける	しかし・だが
並列・累加		並べる・つけ加える	そして・また
対比・選択		比べる・選ぶ	あるいは・または
説明	同格	言いかえる	つまり・すなわち
	条件	条件を加える	ただし
	理由	結果・結論↓理由・原因	なぜなら
例示		具体例を続ける	たとえば
転換		話題を変える	ところで・さて

サクッと練習

目標時間10分　[　月　日]

1 次の文章を読んで、あとの問いに答えなさい。

「必要は発明の母である」というのは言い古された①ことばである。もちろん、ものづくりの世界では、いまもこのことばは十分に生きている。

[A] 二〇〇六年度の第一八回大田区中小企業新製品・新技術コンクールの入賞作品に、浅井という企業が開発した「重量物移送装置（ボールスライダー）」がある。土木工事用の重い機械や構造物を、狭い空間の中でもかんたんに移動できる「ころ」の役割をする。ふつうの「ころ」は丸太ん棒のような、[B] 太いパイプのようなものを利用する。ピラミッドの石材を運ぶのにも「ころ」が利用されたほど古典的な道具である。「ころ」のかわりに球を並べる構造にしたら、直進も斜行も、その場での回転も可能にした。パイプは直進しかできないが、球は自在に向きを変えられる。

②この装置は、地下鉄工事用のシールドという一〇〇〇トン以上もある重い機械を、なんとかその場でUターンさせられないか、という要望に応じて開発された。もちろん地下鉄工事に限らず、今後さまざまな用途が予想できる＊汎用《はんよう》性の高い装置だからこそ、新技術コンクールでも評価された。シールドにしか使えないような専用の装置なら、このような評価はされなかったと思う。

この装置の開発はまさに「必要は発明の母」の例をよく物語っている。このような例はいくらでもある。（小関智弘《こせきともひろ》「道具にヒミツあり」）

＊汎用性＝あるものを、いろいろなことに用いることができること。

---

(1) ——線①「このことば」が指している内容を、文章中から十字で抜き出しなさい。

(2) [A] にあてはまる接続語のはたらきを次から選び、記号で答えなさい。

ア 順接　イ 例示
ウ 対比・選択　エ 説明（理由）　[　　]

ココ注意！ 前後の内容がどのような関係でつながっているかを読み取る。

(3) よく出る！ [B] にあてはまる言葉を次から選び、記号で答えなさい。

ア しかし　イ ただし
ウ すなわち　エ あるいは　[　　]

(4) ——線②「この装置」の名を、文章中から七字と八字で抜き出しなさい。

11 理由・根拠を読み取る

説明的文章②

［　月　日］

重要ポイントTOP3

理由・根拠の読解① 直接理由を述べていることがわかる言葉、「から、ため、ので」に着目しよう。

理由・根拠の読解② 「したがって」「だから」など、順接の接続語の前に理由が書かれている。

理由・根拠の読解③ 筆者の考えの根拠は、事実を述べている部分に書かれていることが多い。

次の文章を読んで、あとの問いに答えなさい。

二〇〇六年に医師国家試験を受けて医者になった人は、全国で歯科医を含《ふく》めて約六三〇〇人でした。毎年このぐらいです。一方、この年に新たに農業を後継《こうけい》した人は全国で五〇〇〇人もいませんでした。農業を継《つ》いだ人の数が医者になった人の数よりも少なかったのです。こんなことはほかの国ではありません。

お医者さんも、農家がつくった食べものを食べなければ生きていくことはできません。ですから農業こそ生命維持産業で、これを軽《けい》率《そつ》に考えていると①とんでもないことになります。そういう状況《じょうきょう》にいま日本がなっているのです。

どうしてこんなことになったのでしょうか。それは、日本が農業を長いあいだ軽視してきたためです。教育でも農業の大切さをしっかりと教えてきませんでした。それが尾を引いて、いまにいたっているのです。

そのために②日本は農業国ではなく、工業国になってしまいました。工業がどんどん発達する半面、農業は衰退《すいたい》していったのです。ある意味で国の農業政策が行きとどいていなかったのだと私は思っています。

（小《こ》泉《いずみ》武《たけ》夫《お》「いのちをはぐくむ農と食」）

(1) ——線①「とんでもないことになります」とあるが、その根拠《こんきょ》がわかる一文を文章中から抜《ぬ》き出し、初めの五字を書きなさい。

□□□□□

↓——線①の文の最初に「ですから」という（理由）を表す接続語があることに着目します。

(2) ——線②「日本は農業国ではなく、工業国になってしまいました」とあるが、こうなった理由を文章中から十九字で抜き出し、初めと終わりの五字を書きなさい。

□□□□□〜□□□□□

理由・根拠を読み取る

① **理由を述べる表現に着目する**

例「□からです」「□のためだ」「□ので、……になった」

② **接続語に着目する**

例「だから（ですから）」「それで」「したがって」「そのため（それゆえ・その結果）、……になった」（接続語の前に理由がある）

例「なぜなら（なぜかというと）、□だからである」「というのは（そのわけは）、□ということだ」（接続語のあとに理由がある）

サクッと練習

目標時間10分　　分

1 次の文章を読んで、あとの問いに答えなさい。

もちろん知識は必要である。何も知らなければただの＊無為で終わってしまう。ただ、①知識は多ければ多いほどいいと喜ぶのがいけない。良い知識を適量、しっかり頭の中に入れて、それを基にしながら自分の頭でひとが考えないことを考える力を身につける。

ところが、である。ふり廻《まわ》されないためには、よけいな知識はほどよく忘れなければならない。しかし、この「忘れる」ことが意外に難しい。

学校の生徒で、勉強において「忘れてもいい」と言われたことはあるだろうか？　もちろん、今の学校教育ではそんなことは言わない。ともすれば「忘れてはいけない」と教え込《こ》む。すくなくとも、「どうしたらうまく忘れるか」などという学校はないはずだ。

しかし実は、「覚える」のと同じくらいに、「忘れる」ことが大事で、しかも難しい。この「［＊］」ことによって、人間がコンピューターに勝っているのである。コンピューターは「覚える」のが得意な反面、「忘れる」のはたいへん苦手。人間のように、うまく忘れるということができない。

そもそも未知なものに対しては、借り物の知識などでは役に立たないのが当たり前だ。それまでの知識から外れた、わけのわからないモノゴトを処理、解決するには、ありきたりの知識では役に立たない。いったん捨てて、新しい考えをしぼり出す力が必要となる。そういう思考力を身につけられれば、②コンピューターがどんなに発達しようと、人間が存在価値を見失うことはないだろう。

（外山滋比古《とやましげひこ》「知ること、考えること」）

＊無為＝役に立つことやためになることなどを何もしないでぶらぶらしていること。

(1) ――線①「知識は……喜ぶのがいけない」とあるが、それはなぜか。次の文の［　］A・Bにあてはまる言葉を、文章中からAは五字、Bは四字でそれぞれ抜《ぬ》き出しなさい。

知識が多すぎると、それに［A］てしまい、ひとが考えないことを［B］を身につけられなくなるから。

A ［　　　　　］
B ［　　　　］

ココ注意！ 知識が多すぎると、どんなよくないことがあるのかを読み取る。

(2) ［＊］にあてはまる言葉を、文章中から抜き出しなさい。

［　　　　］

記述 (3) ――線②「コンピューターが……見失うことはないだろう」とあるが、それは、人間はどんなことができるからか。次の文の［　］にあてはまる言葉を、二十五字以内で書きなさい。

人間は［　］思考力を身につけることができるから。

段落・構成をつかむ

［　月　日］

次の文章を読んで、あとの問いに答えなさい。

1 書かれた文字の歴史は、新しく発明されたものを活用してきた歴史でもある。印刷機が発明されて、書籍が大量に生みだされるようになると、それまで手書きで筆写していた時代に比べて、文化は飛躍《ひやく》的に広がるようになった。

2 さらに現代のパソコン時代になって、書くことが質的な変換《へんかん》をした。原稿用紙の升目《ますめ》を一字一字はじめから埋《う》めていく、あるいはレポート用紙の一行目から書いていくという作業では、悩んでとりかかり、とりかかってみたものの、書き損じて、また最初から書き直すという無駄《むだ》な作業の繰《く》り返しがあった。

3 しかし、パソコンであれば、とりあえず書きたいことを*アトランダムに書きはじめてみて、後で自由に修正したり、配列を入れ換《か》えたりすることがいくらでもできる。

4 構築力を鍛《きた》えるためには、パソコンを使って文章をつくることは非常に適している。時間をロスすることなく文章を打ち込《こ》んでいくことができ、それを後で何度でも*推敲《すいこう》できるからだ。その意味では、だれでもが書く力を身につけやすい時代になった。

（齋藤《さいとう》　孝《たかし》「原稿用紙10枚を書く力」）

*アトランダム＝きちんとした順序ではなく、任意である様子。
*推敲＝文章の字句を練り直すこと。

（1） 1段落と2段落はどんなつながりかたになっているか。次から適切なものを選び、記号で答えなさい。

ア 2段落は、1段落の内容の例を挙げて説明している。
イ 2段落は、1段落とは反対の立場から述べている。
ウ 2段落は、1段落と似た内容をつけ加え発展させている。
エ 2段落は、1段落で述べた内容をまとめている。 ［　　］

→2段落の初めの（接続語）に着目して、前の段落とのつながりかたを読み取ります。

（2） この文章で、筆者の最もいいたいことが書かれているのはどの段落か。段落番号で答えなさい。 （　　）段落

重要ポイントTOP3

段落の要点の読み取り
くり返し出てくる言葉、対比して述べている内容、中心文に着目しよう。

段落相互の関係
段落の初めに接続語があれば、そのはたらきから前の段落とのつながりかたを捉える。

構成を理解する
段落相互の関係から文章の展開を捉えよう。結論は文章の最後にあることが多い。

段落相互の関係を捉える

接続語	前の段落との関係
しかし	前の内容とは反対の内容を続けている。
さらに	前の内容と似た内容をつけ加えている。
つまり	前の段落の内容をまとめたり要約したりしている。
ところで	前の段落とは話題を変えて述べている。
なぜなら	前の段落で述べたことの理由を続けている。
たとえば	前の段落で述べた事柄《ことがら》の例を挙げている。

サクッと練習

目標時間10分　［　　］分

［　　月　　日］

1 次の文章を読んで、あとの問いに答えなさい。

[1] 「グローバリゼーション」という言葉をよく耳にしますが、これは一般には、地球全体がひとつの世界になり、そこに人間も物も、あるいは情報も一挙に流れる、そういう状況《じょうきょう》のことを指しています。たしかにグローバリゼーションは、私たちの生活環境《かんきょう》や人間が生存している条件といったものを、根本的に変える現象です。

[2] では、そのグローバリゼーションによって何が変わったのか？ あるいは変わったことで、我々の生活あるいは生存の条件はどうなるのか？ そのようなことを総合的に考えるのが、グローバルスタディーズです。

[3] このようにグローバルスタディーズは哲学《てつがく》ではありません。哲学ではないのですが、しかしこれを進めてゆくには、実は哲学的な発想が重要になってきます。

[4] 哲学は、冒頭でも述べたように、一見つまらなくて役に立たない学問です。哲学者のカントは、「あらゆるものには値段がつく」と言っていますが、役に立つから価値がある、したがってその分だけ値段がつくということです。

[5] ところが、稀《まれ》に値段がつかないものがある。役に立たないものもそうですが、逆にそういうものには「尊厳がある」とカントは言います。尊厳というのは、文字どおりには「尊く厳《おごそ》かなこと」というわけですが、これはお金では買えません。買えないし、何かに使おうなどと思っても使えないでしょう。

[6] この尊厳があるかないかによって、何かが根本的に異なってきます。哲学に尊厳があるかどうかはわかりませんが、哲学は役に立たない、けれども、ないと困るというものでもあるのです。

（西谷《にしたに》　修《おさむ》「私たちはどこにいるのか？」）

(1) [1]段落と[2]段落で話題にしたことを、それぞれ文章中から抜《ぬ》き出しなさい。

[1]段落［　　　　］

[2]段落［　　　　］

(2) [5]段落は、[4]段落とどんなつながりになっているか。次から適切なものを選び、記号で答えなさい。

ア [4]段落とは対立する内容を続けている。

イ [4]段落とは話題を変えて述べている。

ウ [4]段落で述べた内容の具体例を挙げている。

エ [4]段落で述べた内容と似た内容を続けている。

［　　］

(3) よく出る！ 筆者は哲学をどのようなものだと考えているか。文章中から二十二字で抜き出し、初めと終わりの五字を書きなさい。

□□□□□ ～ □□□□□

ココ注意！ 「哲学」という言葉に着目し、筆者の考えが出ている部分を捉《とら》える。

13

文学的文章①

登場人物・場面をつかむ

［　月　日］

重要ポイントTOP3

登場人物を読み取る
名字や名前を表す言葉、先生、母などの人間関係を示す言葉に着目しよう。

場面を読み取る
日時、場所を表す言葉に着目し、どんな出来事があったのかを捉えよう。

場面の展開を読み取る
登場人物、日時、場所の変化、新たな出来事が起こっているところに着目する。

次の文章を読んで、あとの問いに答えなさい。

わずか十分の休憩《きゅうけい》のあいだに、操《みさお》はこの学級の心意気が、樺島《かわしま》という端正《たんせい》で気持ちのよい生徒に*収斂《しゅうれん》しているさまを目《ま》の当たりにした。彼は、十四歳という年齢の持ち得るかぎりの機知に富み、明朗で麗《うるわ》しく、それらは少年の人柄に最大限生かされていた。至剛《みちたか》という名前のおよぼす印象は、すらりとした躰《からだ》つきではなく、おおらかで惑《まど》いのない気立てに尽《つ》きる。

樺島は、操が内気で小声であるということを重荷に感じないよう、それとなく配慮してくれた。月並みに「ほら、もっと大きな声をだしてご覧」などと励《はげ》ましはしない。皆《みな》と活発にまじわるのを無理強いすることもない。傍《そば》にいて終始かばってくれるというやり方ではなく、操が精一杯努力した後で、どうしても手助けがほしいと思うときに、必ず手を差しのべるというふうだった。

「静かなのはいいことだよ。声をはりあげなくたっていい。耳を澄《す》ませば、いくらだって聞こえるんだから。」

樺島のおかげで、操はくりかえした転校の中ではじめて、情けない思いをせずに学校生活を送ることができた。

（長野《ながの》まゆみ「鳩《はと》の栖《すみか》」）

*収斂＝一つにまとまること。

---

(1) この文章に登場している人物名をすべて抜《ぬ》き出しなさい。

［　　　　　　　　］

↓同じ登場人物が、名字や（名前）、（人間）関係で出てきたりする場合があります。

(2) この文章には、どんな場面が描《えが》かれているか。次の文の［　］A～Cにあてはまる言葉を、文章中からA・Bは二字、Cは六字で、それぞれ抜き出しなさい。

［A］してきたばかりの主人公が、一人の少年の［B］によって、学校生活で［C］をせずにすんだという場面。

A □□

B □□

C □□□□□□

場面を捉える

時	場所	誰《だれ》	出来事
現在だけでなく、回想している場合もある。 例 三年前・一か月前・昨年の冬・今日の朝・五月三日	例 教室・家・公園・学校からの帰り道・母の故郷	人物の名前以外で出ていることもよくある。 例 妹・兄・母・おばあちゃん・祖父・先生	登場人物の言動で表されていることもある。 例 急に泣き出した・「今学期で引っ越すんだ」と言った・熱心に練習するようになった・ずっと黙《だま》っている

サクッと練習

［　月　日］

目標時間10分　［　　］分

1 次の文章を読んで、あとの問いに答えなさい。

それから少しして①彼女は顔をあげて歌いだしたのだった。

♪ア――――……

ヴェ・

マ・リ――――……イ――――……ア――――……

きれいな高音で、透明感《とうめい》のある、すみきった歌声だった。

シューベルトの《アヴェ・マリア》。音楽の授業で小林《こばやし》先生がレコードをかけてきかせてくれたことがあった。女のオペラ歌手が歌うそのレコードより、斉藤多恵《さいとうたえ》の《アヴェ・マリア》のほうがよっぽどきれいな歌声だった。ゆっくりと、気持ちをこめた歌声は、新しい光りとなって静かにたたずむ湖や山々を明るく輝《かがや》かせていくようだった。まるでこの世に歌を捧《ささ》げ、すべてを美しく輝かせるように響《ひび》いた。②感動して、ぼくは震《ふる》えた。それはビートルズ＊の《お願い・わたし》を初めてきいたときの感動とはちょっとちがったものだった。もちろんぼくに日本語ではない歌詞の意味がわかるわけもない。でも曲のうつくしさや、斉藤多恵の心をこめた歌い方やきれいな声に、すべてが愛とゆるしと希望にみちているような、そんな感じがして、いままで感じたことがない、胸がうち震えてたまらなくなるような不思議な気分になってしまった。ぼくは催眠術にかけられたように立ちあがっていた。歌っている斉藤多恵がぼうっとにじんで輝き始めた。感動して涙がでるのを初めて知った。

（川上健一《かわかみけんいち》「翼《つばさ》はいつまでも」）

＊ビートルズ＝一九六〇年代に活躍《かつやく》した、イギリスの音楽グループ。

(1) 登場人物がどんなところにいるかがわかる表現を、文章中から十一字で抜《ぬ》き出しなさい。

(2) ――線①「彼女」とは、誰《だれ》のことか。文章中からその名前を抜き出しなさい。
［　　　　］

ココ注意！　具体的な場所が書かれていないときは、情景描写《じょうけいびょうしゃ》から読み取る。

(3) ――線②「感動して、ぼくは震えた」について、次の各問いに答えなさい。

記述　1 「ぼく」は何に感動したのか。文章中の言葉を使って簡単に書きなさい。
［　　　　］

よく出る！　2 「ぼく」が感動している様子を、たとえの表現を使って表している部分を十二字で抜き出しなさい。

14 心情を読み取る

〈文学的文章②〉

重要ポイントTOP3

心情の読み取り①
うれしい、悲しい、「……な気持ち」など、直接に心情を表す言葉に着目する。

心情の読み取り②
表情やしぐさ、言動、情景など、心情が間接的に表されている言葉に着目する。

心情の理由を捉える
出来事、他の登場人物の言動などに着目して、その心情になった原因を読み取ろう。

［　月　日］

次の文章を読んで、あとの問いに答えなさい。

老人は①不思議そうに、ほおずきの花束を抱《かか》えた奇妙《きみょう》な女の子を見つめた。

「あの、あたし、お財布《さいふ》拾ってもらった者なんですけども……」

「ああ」

老人は合点がいったように頷《うなず》いた。

「あの、ほんとにありがとうございました」

そう言って頭を下げたとたん、唐突に冷たい涙が滝《たき》のように夏代《なつよ》の頬《ほお》を流れ落ちた。びっくりしたのと恥《は》ずかしいのが一緒《いっしょ》くたになって、夏代の身体《からだ》の内側を駆《か》けまわった。

夏代は「お礼です」と叫《さけ》ぶように言ってほおずきを老人に渡《わた》し、驚《おどろ》いた顔の老人と犬に「さよならっ」と言った。

駅へ続く坂道を、夏代は駆け昇った。心臓がばくんばくんと音を立てた。終わりかけた夏の風が夏代の頬をすべっていった。

そう思ってしたことでなくとも、優しさとか善意とかいうものは確かに人間を救うことがあるんだな。わけのわからなくなった頭の中で、夏代はそんなことを考えていた。

何か月ぶりかで走った。②何か月ぶりかで身体が汗《あせ》のぶんだけ軽くなり、そのぶん心も軽くなったような気がした。

（鷺沢《さぎさわ》 萠《めぐむ》「海の鳥・空の魚」）

(1) ――線①「不思議そうに」とあるが、この気持ちが変化したことがわかる部分を、文章中から十二字で抜《ぬ》き出しなさい。

□□□□□□□□□□□□

↓女の子の（言葉）を聞いたあとの老人の（しぐさ）によって、気持ちが変化したことがわかります。

(2) ――線②「何か月ぶりかで……気がした」とあるが、このような気持ちになった理由を次から選び、記号で答えなさい。

ア 落とした財布が、老人のおかげで戻《もど》ってきたから。
イ 財布を拾ってくれた人にお礼を渡すことができたから。
ウ 人の優しさ、善意というものに触れることができたから。
エ ほおずきの花束を渡すと、老人が喜んでくれたから。

［　　］

心情を表す言葉

直接的な表現	例 楽しい・腹立たしい・さびしい・おもしろい・不満・満足感・後悔《こうかい》・おそろしい・「……と感じた」
間接的な表現	例 笑顔が消えて、急に青ざめた→恐怖　試合に負け、少年は地団駄《じだんだ》を踏んだ→悔しさ
情景描写	例 空に虹《にじ》が出たなど、明るい情景→明るい気持ち　黒い雲が空を覆《おお》うなど、暗い情景→暗い気持ち

サクッと練習

目標時間10分　□分

［　月　日］

1 次の文章を読んで、あとの問いに答えなさい。

［腕立て歩きをする人と足を持つ人は、折り返し点で交代してゴールするというルールで、競技が行われていた。］

他のペアがみんなゴールしても、高野《たかの》さんはまだ折り返し点の手前二メートルのところにいる。①腕《うで》が止まった。もうだめ、というのが全身から伝わった。

あとちょっとなのに。高野さんが十五メートルを完走するなんて、そんなの、いままで一度もなかったことなのに。それって、ほんとうに、ほんとうに、すごいことなのに。

「がんばれ！　あとちょっと！」

②ぼくは思わず叫んでいた。両手をメガホンにして「がんばれ！　がんばれ！」と声援《せいえん》をおくっていた。

それにつられたように、ジャンボやタッチも「あとちょっとだぞ！」「根性だ、ド根性！」と高野さんを応援しはじめて……やがて、その声は、少しずつ女子にも広がっていった。

マコトはぼくたちを振り向いた。

ニコッと笑った。

そして、高野さんが折り返し点までたどり着くと、高野さんの手を取って、高々とかかげた。みんなはいっせいに拍手をした。高野さんは涙ぐんでいた。いつもの泣き虫の高野さん――でも、その涙は、ぼくたちが初めて見る□だった。

（重松《しげまつ》　清《きよし》「くちぶえ番長」）

記述

(1) ――線①「腕が止まった」とあるが、どんな気持ちを表しているか。次の文の□にあてはまる言葉を、「進む」という言葉を使って書きなさい。（「進む」は活用させて使ってもよい。）

□という気持ち。

［　　　　］

よく出る！

(2) ――線②「ぼくは思わず叫んでいた」とあるが、どんな気持ちで叫んでいたのか。次の文の□A・Bにあてはまる言葉を、文章中からAは九字、Bは十二字で、それぞれ抜《ぬ》き出しなさい。

高野さんが、いままで一度もなかった[A]できるところまであと二メートルというところに来ているので、ぜひとも[B]ことを成しとげてほしいという気持ち。

A ［　　　　　　　　　］

B ［　　　　　　　　　　　　］

ココ注意！　高野さんの状況《じょうきょう》を捉《とら》え、どうしてほしいと応援しているかを読み取る。

(3) □にあてはまる言葉を次から選び、記号で答えなさい。

ア くやし涙　イ うれし涙

ウ 大粒《おおつぶ》の涙　エ 怒りの涙

［　　］

15 詩の読解

詩・短歌・俳句①

重要ポイントTOP3

詩の種類の理解
用語、形式、内容のうえから、どれに分類される詩かを捉えよう。

表現技法の理解
詩によく使われる主な表現技法について、表現の方法と効果を覚えておこう。

詩の内容の読み取り
詩に描かれているものを捉え、作者の気持ちが表されている部分に着目しよう。

［　月　日］

次の詩を読んで、あとの問いに答えなさい。

雑草

北川冬彦《きたがわふゆひこ》

雑草が
あたり構はず
延び放題に延びてゐる。
この景色は胸のすく思ひだ、
人に踏《ふ》まれたりしてゐたのが
いつの間にか
人の膝《ひざ》を没《ぼつ》するほどに伸びてゐる。
ところによつては
人の姿さへ見失ふほど
深いところがある。
この景色は胸のすく思ひだ、
伸び蔓《はびこ》れるときは
どしどし延び拡《ひろ》がるがいゝ。
そして見栄《みば》えはしなくとも
豊かな花をどつさり咲《さ》かせることだ。

(1) この詩の種類として適切なものを次から選び、記号で答えなさい。

ア 文語定型詩　イ 文語自由詩
ウ 口語自由詩　エ 口語散文詩　［　］

↓用いられているのは文語か口語か、一行の（音数）に、五七調、七五調などの決まりがあるかどうかを考えます。

(2) この詩に用いられている表現技法として適切なものを次から選び、記号で答えなさい。

ア 直喩《ちょくゆ》　イ 擬人《ぎじん》法
ウ 反復　エ 体言止め　［　］

主な表現技法

直喩	「ようだ」「みたいだ」などを使ってたとえる。
隠喩《いんゆ》	「ようだ」「みたいだ」などを使わずにたとえる。
擬人法	人でないものを人に見立てて表現する。
反復	同じ言葉をくり返して、印象を強める。
倒置《とうち》	語順をふつうとは入れかえて、前の部分を強める。
対句	組み立ての似た語句を並べて強調する。
体言止め	一行の終わりを体言（名詞）で止めて、余韻《よいん》を残す。

[　月　日]

サクッと練習

目標時間10分

分

1 次の詩を読んで、あとの問いに答えなさい。

雁《がん》　千家元麿《せんげもとまろ》

①暖《あたたか》い静かな夕方の空を
百羽ばかりの雁が
一列になつて飛んで行く
天も地も動かない静かな景色の中を、不思議に黙つて
同じやうに一つ一つセッセと羽を動かして
黒い列をつくつて
静かに音も立てずに横切ってゆく
側《そば》へ行つたら翅《はね》の音が騒がしいのだらう
息切れがして疲《つか》れてゐるのもあるのだらう
だが地上にはそれは聞《きこ》えない
②彼等《かれら》はみんなが黙つて、心でいたはり合ひ助け合つて飛んでゆく。
前のものが後になり、後ろの者が前になり
心が心を助けて、セッセセッセセッセと
勇ましく飛んで行く。

その中には親子もあらう、兄弟姉妹も友人もあるにちがひない
この空気も柔《やわら》いで静かな風のない夕方の空を選んで、
一団になつて飛んで行く
暖い一団の心よ。
天も地も動かない静かさの中を汝《なんじ》ばかりが動いてゆく
黙つてすてきな早さで
見てゐる内に通り過ぎてしまふ。

(1) この詩は、用語・形式の面では、何という種類に分類されるか。漢字五字で書きなさい。

[　　　　　]

ココ注意!
歴史的仮名遣《づか》いでも、それが古語でなければ文語詩ではない。

(2) ――線①「百羽ばかりの雁」とあるが、作者はこの群《む》れを何と表現しているか。詩中から六字で抜《ぬ》き出しなさい。

[　　　　　　]

よく出る!

(3) ――線②「彼等は……飛んでゆく」に用いられている表現技法として適切なものを次から選び、記号で答えなさい。

ア 擬《ぎ》人《じん》法　イ 倒置《とうち》
ウ 反復　エ 体言止め

[　]

(4) 作者はどんな情景を見ているか。次の文の[　]A・Bにあてはまる言葉を、詩中からAは二字、Bは四字で抜き出しなさい。

雁が一列になり、すてきな[A]で[B]飛んで行く情景。

A [　　]
B [　　　　]

16　詩・短歌・俳句②
短歌・俳句の読解

［　月　日］

重要ポイントTOP3

短歌の知識　五・七・五・七・七の三十一音が原則である。句切れを捉えられるようにしておく。

俳句の知識　五・七・五の十七音が原則で季語を詠《よ》み込む。それらにとらわれないのは自由律俳句。

短歌・俳句の鑑賞　情景を想像し、表現技法にも着目して作者の感動の中心を捉えて味わう。

次の短歌と俳句を読んで、あとの問いに答えなさい。

〔短歌〕

A　白鳥《しらとり》はかなしからずや空の青海のあをにも染まずただよふ　若山牧水《わかやまぼくすい》

B　隣室に書《ふみ》よむ子らの声きけば心に沁《し》みて生きたかりけり　島木赤彦《しまきあかひこ》

C　友がみなわれよりえらく見ゆる日よ花を買ひ来て妻としたしむ　石川啄木《いしかわたくぼく》

D　馬追虫《うまおい》の髭《ひげ》のそよろに来る秋はまなこ＊を閉ぢて想ひ見るべし　長塚《ながつか》　節《たかし》

＊まなこ＝目玉。眼球。

〔俳句〕

E　菜の花や月は東に日は西に　与謝蕪村《よさぶそん》

F　あの月をとつてくれろと泣子《なくこ》哉《かな》　小林一茶《こばやしいっさ》

G　菫程《すみれほど》な小さき人に生まれたし　夏目漱石《なつめそうせき》

H　外《と》にも出よふるるばかりに春の月　中村汀女《なかむらていじょ》

I　春寒し水田の上の根なし草　河東碧梧桐《かわひがしへきごとう》

(1)　A～Dの短歌の中から、三句切れの歌を一つ選び、記号で答えなさい。［　　］

(2)　E～Iの俳句の中から、春の句ではないものを一つ選び、記号を書き、その俳句の季節を漢字一字で書きなさい。

記号［　　］　季節［　　］

↓季語は、E「菜の花」、F「月」、G「菫」、H「(春の月)」、I「春寒し」を捉えて季節を考えます。

(3)　E・Fの俳句から、切れ字を抜《ぬ》き出しなさい。

E［　　］　F［　　］

↓切れ字は、意味の切れ目を示す語で、（感動）の中心を表します。

短歌の句切れ

五・七・五・七・七の五句の中での意味の切れ目。終止形で結ばれている句など、ふつうの文では句点（。）がつくところで切れている。

例　海恋し／潮の遠鳴りかぞへては少女《をとめ》となりし父母《ちちはは》の家　（与謝野晶子《よさのあきこ》）

← (初句切れ)

＊歌の途中《とちゅう》に意味の切れ目がなく、句切れのない歌（句切れなし）もある。

主な季語

春	梅・桜・菜の花・すみれ・ひばり・残雪・卒業・ひな祭り
夏	五月晴《さつき》れ・梅雨・夕立・せみ・若葉・ひまわり・あじさい
秋	天の川・柿・コスモス・紅葉・へちま・月・月見
冬	小春日・枯れ野・落ち葉・木枯らし・雪・霜・枯れ木・水鳥

サクッと練習

目標時間10分　　分

〔　月　日〕

1 次の短歌と俳句を読んで、あとの問いに答えなさい。

〔短歌〕

A おりたちて今朝の寒さを驚きぬ露しと〱と柿《かき》の落葉深く　伊藤左千夫《いとうさちお》

B 「寒いね」と話しかければ「寒いね」と答える人のいるあたたかさ　俵《たわら》　万智《まち》

C 街をゆき子供の傍《そば》を通る時蜜柑《みかん》の香《か》せり冬がまた来る　木下利玄《きのしたりげん》

D みちのくの母のいのちを一目《ひとめ》みん一目見んとぞただにいそげる　斎藤茂吉《さいとうもきち》

〔俳句〕

E 閑《しづか》さや岩にしみ入蟬《いるせみ》の声　松尾芭蕉《まつおばしょう》

F いくたびも雪の深さを尋ねけり　正岡子規《まさおかしき》

G うつくしやせうじの穴の天の川　小林一茶《こばやしいっさ》

H 万緑《ばんりょく》の中や＊吾子《あこ》の歯生え初《そ》むる　中村草田男《なかむらくさたお》

I 分け入つても分け入つても青い山　種田山頭火《たねださんとうか》

＊吾子＝我が子。

---

(1) 四句切れの短歌を一つ選び、記号で答えなさい。〔　　〕

(2) B・Dに使われている表現技法を次から一つずつ選び、記号で答えなさい。

ア 直喩《ちょくゆ》　イ 倒置《とうち》　ウ 体言止め　エ 反復

B〔　　〕　D〔　　〕

(3) Aの短歌と同じように、季節の変化を詠《よ》んでいる短歌を一つ選び、記号で答えなさい。〔　　〕

ココ注意!　「今朝の寒さを驚きぬ」から、季節が変わるのを感じたことをつかむ。

よく出る!

(4) E〜Hの俳句について、季語を抜《ぬ》き出して〔　〕に書き、その季節を□に漢字一字で書きなさい。

E〔　　〕・□　F〔　　〕・□

G〔　　〕・□　H〔　　〕・□

(5) Iの俳句のように、季語や定型にとらわれない俳句を何というか。漢字五字で書きなさい。

□□□□□

記述

(6) Hの俳句に表現されている色の対比を、「何の何色」という形で二色書きなさい。

〔　　と　　〕

17

古典①

歴史的仮名遣い・係り結び・語句の省略

重要ポイントTOP3

歴史的仮名遣い
現代仮名遣いに直すときの原則を理解する。

係り結び
古典文法では、係りの助詞が使われている場合、結びの活用形が何形になるか覚えておく。

助詞の省略
主語や対象を示す助詞が省略されていることがあるので、補いながら読む。

[　　月　　日]

次の文章を読んで、あとの問いに答えなさい。

　うらやましげなるもの　経《きやう》など習ふとて、*いみじうたどたどしく忘れがちに、*かへすがへす同じ所をよむに、法師は*ことわり、男も女も、*くるくると*やすらかによみたるこそ、*あれがやうに（A）*いつの世にあらむと*おぼゆれ。*心地などわづらひて（B）臥《ふ》したるに、*笑《ゑ》うち笑ひ*物など言ひ、*思ふ事なげにて*歩みありく人見る□、いみじううらやましけれ。

（清少納言《せいしょうなごん》「枕草子《まくらのそうし》」）

*いみじう＝たいへん。
*かへすがへす＝何度も何度も。
*ことわり＝もっともである。
*くるくると＝すらすらと。
*やすらかに＝苦もなく。
*あれがやうに＝あの人のように。
*いつの世にあらむ＝いつになったらなれるであろうか。
*おぼゆれ＝感じられる。
*心地などわづらひて臥したるに＝気分が悪かったりして寝《ね》ているときに。
*笑うち笑ひ＝「うち」は強意の接頭語。声を出して笑って。
*思ふ事なげにて＝心配することがなさそうに。
*歩みありく＝歩き回る。

---

(1) ――線A「やうに」、B「わづらひて」を現代仮名遣いに直して、すべて平仮名で書きなさい。

A[　　　　]　B[　　　　]

↓歴史的仮名遣いの語頭と助詞以外の「は行」は、現代の発音に合うように、「（わ・い・う・え・お）」に直します。「ぢ・づ」も発音にしたがって、「（じ・ず）」に直します。

(2) ――線部「人」のあとに省略されている助詞を次から選び、記号で答えなさい。

ア が　イ は　ウ を　エ に　[　　]

↓文脈を考えながら読み、助詞を補うことによって文の（意味）がはっきりするものを選びます。

(3) □にあてはまる係りの助詞を次から選び、記号で答えなさい。

ア ぞ　イ なむ　ウ や　エ こそ　[　　]

係り結び

係りの助詞	結びの活用形と例	意味
ぞ・なむ	連体形　例 雨ぞ降りける。	強調
や・か	連体形　例 雨や降りける。	疑問・反語*
こそ	已然形《いぜん》形　例 雨こそ降りけれ。	強調

*反語＝「～だろうか、いや、～ではない」という意味になる。

サクッと練習

［　月　日］

目標時間10分　□分

1 次の文章を読んで、あとの問いに答えなさい。

横川《よかは》の恵心僧都《ゑしんさうづ》の妹、安養《あんやう》の尼《あま》のもとに強盗《がうたう》に入りにけり。ものどもみなとりて出《い》でにければ、尼うへは*紙ぶすまといふものばかりを*ひききて*ゐられたりけるに、姉なる尼のもとに、*小尼公《しやうにこう》とて*ありけるが、A走りまゐりて見ければ、小袖《こそで》をひとつとりおとしたりけるをとりて、「これを①盗人《ぬすびと》取りおとして侍《はべ》りけり。*奉《たてまつ》れ」とて持ちてきたりければ、尼うへのBいはれけるは、「これも取りて後はわが物と□おもひつらめ。*ぬしの心ゆかざらん物をば*いかがきける。盗人はいまだ遠くは*よもゆかじ。*とくとく持ちておはしまして、②とらさせ給《たま》へ」とありければ、門のかたへ走りいでて、「やや」と呼びかへして、「これをおとされにけり。③たしかに奉らん」といひければ、盗人ども立ちどまりて、*しばし案じける気色にて、「*あしく参りにけり」とて、とりたりける物どもをも、*さながら返し置きて帰りにけりとなん。

（「古今著聞集《ここんちょもんじゅう》」）

＊紙ぶすま＝紙で作った粗末な夜具。
＊ひききて＝「ひき」は、強意の接頭語。「着て」の意味。
＊ゐられたりけるに＝座っておられたところに。
＊小尼公＝安養の尼の妹。　＊ありけるが＝住んでいたのだが。
＊奉れ＝お召しください。
＊ぬしの心ゆかざらん物＝持ち主が承諾《しょうだく》しないもの。
＊いかがきける＝どうして着られますか。
＊よもゆかじ＝まさか行かないでしょう。
＊とくとく＝急いで。
＊しばし案じける気色にて＝しばらく思案している様子で。
＊あしく参りにけり＝まずいところに来てしまった。
＊さながら＝そっくりみんな。

---

(1) よく出る! ═線A「走りまゐりて」、B「いはれけるは」を現代仮名遣いに直して、すべて平仮名で書きなさい。

A［　　　］　B［　　　］

(2) ─線①「盗人」のあとに省略されている助詞を次から選び、記号で答えなさい。

ア に　イ を　ウ が　エ も　［　　］

(3) □にあてはまる係りの助詞を書きなさい。［　　］

ココ注意! 結びの言葉である「らめ」は、「らむ」の已然形《いぜんけい》であることをおさえる。

(4) ─線②「とらさせ給へ」とあるが、なぜこのようなことをしたのか。次から選び、記号で答えなさい。

ア 一度盗まれた小袖を着る気になれなかったから。
イ 盗まれた小袖の持ち主は、今は強盗であるから。
ウ 盗んだ物が一つでも多いほうがよいと思ったから。
エ 盗んだ物でも、大切にあつかってほしかったから。

［　　］

(5) よく出る! ─線③「たしかに奉らん」とあるが、このようにされて、強盗たちはどうしたか。古文中から二十六字で抜《ぬ》き出し、初めの五字を書きなさい。

□□□□□

18 動作主・会話・敬語

古典②

［　月　日］

重要ポイントTOP3

動作主を捉える
登場人物をおさえ、誰が誰にどうしたのかを考えながら読み、文脈を読み取る。

会話の部分を捉える
引用を表す「と」の前までが会話文であることから、まず、会話文の終わりをつかむ。

敬語を捉える
尊敬語、謙譲語、丁寧語として使われる主な言葉を覚え、人間関係を読み取る。

次の文章を読んで、あとの問いに答えなさい。

　*和泉《いづみ》式部、保昌《やすまさ》が妻にて*丹後《たんご》に下りけるほどに、京に歌合《あわ》せありけるに、*小式部《こしきぶ》の内侍《ないし》*歌よみにとられてよみける①を、定頼《さだより》の中納言《ちゅうなごん》、*たはぶれに小式部の内侍に、*丹後へ遣《つか》はしける人は、参りにたる②や、*といひ入れて*局《つぼね》の前を通られけるを、小式部の内侍、御簾《みす》よりなかばいでて、直衣《なほし》の袖《そで》を*ひかへて、

　大江山《おほえやま》いくの道の遠ければまだふみもみず天《あま》の橋立《はしだて》

とよみかけけり。*思はずにあさましくて、「こはいかに」とばかりいひて、*返しにも及《およ》ばず、袖をひきはなちて逃《に》げられにけり③。小式部、これより*歌よみの世おぼえいできにけり。

（「古今著聞集《ここんちょもんじゅう》」）

＊和泉式部＝平安時代の女流歌人。
＊丹後＝今の京都府の北部あたり。夫の保昌の任地。
＊小式部の内侍＝和泉式部の娘。
＊歌よみにとられて＝歌合わせのよみ手に選ばれて。
＊たはぶれに＝からかって。
＊丹後へ遣はしける人＝丹後の国にいる母親に課題の歌を作ってもらうために送った使者のことを意味している。
＊いひ入れて＝言葉をかけて。
＊局＝小式部の内侍の居室。　　＊ひかへて＝引きとどめて。
＊思はずにあさましくて＝意外にも見事であったのに驚《おどろ》いて。
＊返しにも及ばず＝返歌もよむことができず。
＊歌よみの世おぼえいできにけり＝歌人たちの世界で、名声が広がった。

(1) ――線①「よみける」は、誰《だれ》の動作か。適切なものを次から選び、記号で答えなさい。

ア 和泉式部　　イ 保昌
ウ 小式部の内侍　　エ 丹後へ遣はしける人

↓この場面に（登場）している人に着目します。

［　　］

(2) この文章には「　」がついていない会話がある。その部分を抜《ぬ》き出し、初めと終わりの五字を書きなさい。

［　　　　　］～［　　　　　］

↓会話の終わりは、引用を表す（と）を探《さが》します。

(3) ――線②「参りにたる」、③「逃げられにけり」に使われている敬語の種類を、それぞれ次から選び、記号で答えなさい。

ア 尊敬語　　イ 謙譲語《けんじょうご》　　ウ 丁寧語《ていねいご》

②［　　］　③［　　］

主な敬語表現

尊敬語	動作の主体を高める言い方。	例 おはす・のたまふ・思《おぼ》す・～る・～らる
謙譲語	動作の受け手を高める言い方。	例 申す・聞こゆ・奉《たてまつ》る・参る・まかる
丁寧語	読者や聞き手に対する丁寧な言い方。	例 ～侍《はべ》り・～候《さぶら》ふ

サクッと練習

［　月　日］

目標時間10分　　分

1 次の文章を読んで、あとの問いに答えなさい。

九月廿日《ながつきはつか》の比《ころ》、ある人に①誘《さそ》はれ奉《たてまつ》りて、明くるまで月見歩《あり》く事侍《はべ》りしに、A思《おぼ》し出《い》づる所ありて、*案内《あない》せさせてB入り給《たま》ひぬ。*荒《あ》れたる庭の露しげきに、*わざとならぬ匂《にほ》ひ、*しめやかにうちかをりて、*忍《しの》びたるけはひ、いと*ものあはれなり。

*よきほどにてC出で給ひぬれど、*なほ事ざまの優におぼえて、物のかくれよりDしばし見ゐたるに、*妻戸《つまど》をいま少しおしあけて、月見る*気色なり。*やがてかけこもらましかば、口惜《くちを》しからまし。あとまで見る人ありとは、*いかでか知らん。②かやうの事は、ただ*朝夕の心づかひによるべし。その人、ほどなく*うせにけりと③聞き侍りし。

（兼好法師《けんこうほうし》「徒然草《つれづれぐさ》」三二段）


*案内せさせ＝取り次ぎをする。

*荒れたる庭の露しげきに＝荒れている庭で露がいっぱいにおりているところに。

*わざとならぬ匂ひ＝わざわざたいたのではない香《こう》のかおりが。

*しめやかに＝しっとりと。

*忍びたる＝世間から遠ざかって住んでいる。

*ものあはれなり＝趣《おもむき》深い感じがする。

*よきほど＝よいころあいで。

*なほ事ざまの優におぼえて＝なお、物事の様子が上品で優雅《ゆうが》であると感じられて。

*妻戸＝出入り口にある両開きの戸。

*気色なり＝様子である。

*やがてかけこもらましかば、口惜しからまし＝すぐにかぎをかけて閉じこもれば、残念なことであったろう。

*いかでか知らん＝どうして知っていようか。

*朝夕の心づかひ＝普段の心がけ。

*うせにけり＝亡《な》くなってしまった。


よく出る！

(1) ——線A〜Dから、動作主の違《ちが》うものを一つ選び、記号で答えなさい。また、それは誰《だれ》の動作かを、あとから選び、記号で答えなさい。

ア ある人　**イ** その人　**ウ** 作者　**エ** 案内した人

［　・　］

ココ注意！

「ある人」と一緒に月を見た人は作者であることを捉《とら》えて読む。

(2) ——線①「誘はれ奉りて」の口語訳として適切なものを次から選び、記号で答えなさい。

ア 誘われて　**イ** お誘いして
ウ 誘われまして　**エ** お誘いいただいて

［　］

(3) ——線②「かやうの事」とは、どのようなことを指しているか。適切なものを次から二つ選び、記号で答えなさい。

ア 露がおりている庭を、荒れたままにしていること。
イ わざわざではなく香がたきしめられていたこと。
ウ 世間から遠ざかってひっそりと住んでいること。
エ 客人が帰ったあと、しばらく月を眺めていたこと。
オ あとまで見る人があると予想していたこと。［　］［　］

(4) ——線③「聞き侍りし」とあるが、聞いた内容を文章中から抜き出し、初めと終わりの五字を書きなさい。

［　　　　　］〜［　　　　　］

古典③ 古文の読解

重要ポイントTOP3

古語の意味
現代語とは意味の違う語、古文特有の語があるので、主な古語の意味は覚えておく。

古文の文法
よく使われる助詞や助動詞の意味を覚えて、的確に訳せるようになろう。

文脈の読み取り
誰が何をどうしたのか、指示語の内容をおさえながら文脈を把握し、要旨を捉える。

［　月　日］

次の文章を読んで、あとの問いに答えなさい。

これも今は昔、丹後守保昌《たんごのかみやすまさ》、国へ下りける時、与佐《よさ》*の山に白髪の武士一騎あひたり。路《みち》の傍《かたは》らなる木の下にうち入りて立てたりける*を、国司の郎等《らうだう》*ども、「①この翁《おきな》、など*馬よりおりざるぞ。②奇怪《きくわい》なり。咎《とが》めおろすべし」といふ。ここに国司の曰《いは》く、「一人当千の馬の立てやうなり*。ただにはあらぬ人ぞ。咎むべからず」と制してうち過ぐる程《ほど》に、三町ばかり行きて、大矢の左衛門尉《さゑもんのじよう》致経《むねつね》、数多《あまた》の兵を具してあへり。国司会釈《ゑしやく》する間、致経が曰く、「ここに老者《らうじや》一人あひ奉《たてまつ》りて候《さぶら》ひつらん。致経が父平五大夫《へいごたいふ》に候ふ。堅固《けんご》*の田舎人にて子細を知らず*。無礼《むらい》を現し候ひつらん*」といふ。致経過ぎて後、「③さればこそ」とぞいひけるとか。

（「宇治拾遺物語《うじしゅういものがたり》」）

＊与佐の山＝京都府にある山のこと。
＊立てたりける＝馬を立てていた。
＊郎等ども＝家来たち。
＊など＝なぜ。
＊一人当千の馬の立てやうなり＝一人で大勢を相手にできる勇者の馬の構えぶりだ。
＊堅固の＝頑固《がんこ》な。
＊子細を知らず＝わけもわからず。
＊無礼を現し候ひつらん＝さぞかし無礼をいたしたでございましょう。

(1) ――線①「この翁」は、誰のことか。文章中から八字で抜《ぬ》き出しなさい。

［　　　　　　　　］

↓直前に出てくる（白髪の武士）のことで、（致経）との会話によって、誰であるかがわかります。

(2) ――線②「奇怪なり」の意味として適切なものを次から選び、記号で答えなさい。

ア 不思議なことだ。
イ 怪しげだ。
ウ けしからんことだ。
エ おそろしいことだ。

［　　］

(3) ――線③「さればこそ」とはどういうことか。次の文の□にあてはまる言葉を、文章中から八字で抜き出しなさい。

この翁は、□だったということ。

［　　　　　　　　］

↓保昌がこの翁を（咎め）なかった理由を考えます。

古語の意味

たり・り	～た・～てしまった	具す	連れ立つ
なり	～である	ありがたし	めったにない
む・らむ	～だろう	おどろく	目が覚める
き・けり	～た	さればこそ	思った通りだ
ず	～ない	さりとて	そうかといって

1 次の文章を読んで、あとの問いに答えなさい。

これも今は昔、*比叡《ひえ》の山に*児《ちご》ありけり。僧たちの①宵《よひ》のつれづれに、「いざ、*掻餅《かいもちひ》せん」といひけるを、この児*心寄せに聞きけり。「さりとて、*し出《いだ》さんを待ちて②寝《ね》ざらんもわろかりなん」と思ひて、*片方《かたかた》に寄りて、*寝たる由《よし》にて出《い》で来るを待ちけるに、すでにし出したるさまにて、*ひしめき合ひたり。

この児、「*定めて驚《おどろ》かさんずらん」と待ちゐたるに、僧の、「*物申し候《さぶら》はん。驚かせ給《たま》へ」といふを、うれしとは思へども、「ただ一度に*いらへんも、待ちけるかともぞ思ふ」とて、「今一声呼ばれていらへん」と念じて寝たる程《ほど》に、「や、な起《おこ》し奉《たてまつ》りそ。幼き人は寝入り給ひにけり」といふ声のしければ、*あなわびしと思ひて、「今一度起せかし」と思ひ寝に聞けば、*ひしひしとただ食ひに食う音のしければ、*すべなくて、*無期《むご》の後に、「えい」といらへたりければ、僧たち笑ふ事限りなし。

（「宇治拾遺《うじしゅうい》物語」）

*比叡の山＝比叡山延暦寺《ひえいざんえんりゃくじ》のこと。
*児＝寺院の僧に仕えた少年。
*掻餅せん＝ぼた餅を作ろう。
*心寄せに＝期待をもって。
*し出さんを＝作り上げるのを。
*片方＝片側。
*寝たる由にて＝寝たふりをして。
*ひしめき合ひたり＝騒ぎ立てている。
*定めて驚かさんずらん＝きっと起こすだろう。
*物申し候はん＝もしもし。
*いらへんも＝返事をするというのも。
*あなわびし＝ああ困った。
*ひしひしと＝むしゃむしゃと。
*すべなくて＝どうしようもなくて。
*無期の後に＝だいぶ時間がたってから。

(1) ——線①「宵のつれづれに」の意味として適切なものを次から選び、記号で答えなさい。

ア 宵の楽しみに。
イ 宵の退屈しのぎに。
ウ 宵の修行《しゅぎょう》として。
エ 宵の習慣として。

［　　］

(2) 記述 ——線②「寝ざらんもわろかりなん」と思った児はどうしたのか。次の文の□にあてはまる言葉を、十字以内の現代語で書きなさい。

掻餅ができあがるのを、□いた。

(3) よく出る! この文章の内容に合っているものを次から選び、記号で答えなさい。

ア 児は僧が作った掻餅を食べたかったので、できあがったときに、突然目が覚めたようなふりをして起きた。
イ 僧は掻餅ができあがったときに二度、児に声をかけたが、ぐっすり寝ていたので、起こすのをあきらめた。
ウ 一度起こされてすぐ起きると待っていたようだからと思っているうちに寝てしまって、児は掻餅を食べ損《そこ》ねた。
エ 児はもう一度起こしてくれると期待したが、起こしてくれなくて、ずいぶんたってから返事をした。

［　　］

ココ注意! 児が思ったこと、したことを捉《とら》え、話のおもしろさを読み取る。

漢文の形式と読解

重要ポイントTOP3

- **返り点を理解する** 主な返り点の種類とそれぞれの読み方のルールを覚えよう。
- **書き下し文に直す** 訓読文の漢字の右下についている送り仮名は平仮名に直すことに注意する。
- **内容を理解する** 読まない漢字や漢文独特の言い回しに注意して、内容を捉える。

[　月　日]

次の文章を読んで、あとの問いに答えなさい。

*宋人《そうひと》に、田を耕す者あり。田中《でんちゆう》に株《くひぜ》有り、兎《うさぎ》走りて株に触れ、頸《くび》を折りて死す。*因《よ》りて*其《そ》の耒《らい》を釈《す》てて①株を守り、*復《ま》た兎を得んことを*冀《こひねが》ふ。兎復た得《う》べからずして、身は宋国の笑ひと為《な》れり。

②宋人ニ有リ耕ス田ヲ者。田中ニ有リレ株、兎走リテ触レレ株ニ、折リテレ頸ヲ而死ス。因リテ釈テテ二其ノ耒ヲ一而守リレ株ヲ、冀フ二復タ得レンコトヲ兎ヲ。兎不レ可ズシテ二復タ得一、而身ハ為レリ二宋国ノ笑ヒト一。

（「韓非子《かんぴし》」）

*宋人＝宋という国の人。
*因りて＝そのために。
*其の耒を釈てて＝そのすきを投げ出して。
*復た兎を得ん＝もう一度兎を手に入れたい。
*冀ふ＝期待する。

---

(1) ——線①「株を守り」とあるが、その結果はどうだったのか。適切なものを次から選び、記号で答えなさい。

ア もう一度だけ、兎を手に入れることができた。
イ 二度と兎を手に入れることはできなかった。
ウ 偶然に兎を手に入れられることはあった。
エ 人に笑われたのですぐにやめることにした。

↓兎を（**得る**）ことができたかどうかを読み取ります。［　　］

(2) ——線②「宋　人　有　耕　田　者」の部分に、返り点をつけなさい。

宋　人ニ　有リ　耕ス　田ヲ　者

↓書き下し文と（**訓読文**）とを照らし合わせて、漢字の（**読む順**）を捉えます。

主な返り点

レ点	すぐ下の字から、一字上に返って読む。 例 読ムレ書ヲ　書→読の順に読む。
一・二点	二字以上を隔てて、一から二に返って読む。 例 待ツ二天命ヲ一　天→命→待の順に読む。
上・中・下点	一・二の部分をはさんで、さらに上の字に返って読む。 例 不ず下為ために二児孫ノ一買ハ中美田ヲ上　児→孫→為→美→田→買→不の順に読む。

サクッと練習

［　月　日］

目標時間10分　　分

1 次の文章を読んで、あとの問いに答えなさい。

晋《しん》の孫康《そんかう》、*少《わか》きより清介《せいかい》にして、*交游《かういう》雑ならず。［　　］。嘗《かつ》て雪に映じて書を読む。*官御史大夫《かんぎよしたいふ》に至る。
晋の車胤《しやいん》、幼にして*恭勤博覧《きやうきんはくらん》なり。家貧しくして、①常には油を得ず。夏月《かげつ》には*練嚢《れんなう》を以《もつ》て、数十の螢火《けいくわ》を盛り、書を照らして之《これ》を読み、*夜を以て日に継ぐ。後、官*尚書郎《しやうしやらう》に至る。

晋ノ孫康、少キヨリ清介ニシテ、交游不《ず》レ雑ナラ。家貧シクシテ無レシ油。
嘗テ映レジテ雪ニ読レム書ヲ。官至二ル御史大夫一ニ。
晋ノ車胤、幼ニシテ恭勤博覧ナリ。家貧シクシテ、不二常ニハ得レ油ヲ。
夏月ニハ以二テ練嚢一ヲ、②盛数十螢火、照レラシテ書ヲ読レミ之ヲ、
以レテ夜ヲ継レグ日ニ。後、官至二ル尚書郎一ニ。

（「日記故事」）

*少きより清介にして＝幼いときから心が潔白で。
*交游雑ならず＝友人も慎重《しんちょう》に選んでいた。
*官御史大夫に至る＝仕官したのち、官僚の監督《かんとく》のための役所の長官になった。
*恭勤博覧なり＝まじめに勤め励み、多くの書物を読んで博学であった。
*練嚢＝ねり絹の袋《ふくろ》。
*夜を以て日に継ぐ＝昼も夜も。
*尚書郎＝尚書省の次官。

---

(1) ［　　］にあてはまる書き下し文を書きなさい。
［　　　　　　　　］

(2) ――線①「常には油を得ず」の意味として適切なものを次から選び、記号で答えなさい。
ア いつも油を得られるとは限らなかった。
イ いつも油を得ることができなかった。
ウ よく油を得られないこともあった。
エ ときどきは油を得ることができた。
［　　］

ココ注意！
部分否定に注意。全否定の「常に油を得ず」との違《ちが》いを捉える。

(3) ――線②「盛数十螢火」の部分に、送り仮名と返り点をつけなさい。

盛　数　十　螢　火

よく出る！
(4) この文章で述べている教訓として適切なものを次から選び、記号で答えなさい。
ア 成功のためには発想力と工夫が大切であること。
イ 逆境に負けない力が人を成長させるということ。
ウ 苦労して学問に励《はげ》めば、報われるということ。
エ 立身出世をするには、努力が第一であること。
［　　］

まぎらわしい語の識別法

識別する語	例文	識別のポイント	各語の品詞
ない	この部屋はあまり広くない。	「は」「も」を入れることができる。	形容詞
	果てしない道のりを歩く。	形容詞の一部で「は」が入らない。	形容詞
	時間におくれない。	「ぬ」におきかえることができる。	助動詞
だ	サクラの花がきれいだ。	形容動詞の終止形の活用語尾。「きれいな」といえる。	形容動詞
	このカバンは彼のだ。	断定の助動詞で体言や「の」につく。	助動詞
	この本はもう読んだ。	助動詞「た」が濁《にご》ったもの。動詞の音便「ん（い）」につく。	助動詞
だろ	予定通り運動会が行われるだろう。	断定の助動詞「だ」の未然形。	助動詞
	もう飛行機は飛んだろう。	助動詞「た」の未然形「たろ」が濁ったもの。	助動詞
らしい	これはヒマワリの芽らしい。	推定の助動詞。「どうやら〜らしい」と補える。	助動詞
	女優らしいふるまい。	形容詞の一部で「〜にふさわしい」に言いかえられる。	形容詞
な	おだやかな海を見ていた。	形容動詞「おだやかだ」の連体形の活用語尾。	形容動詞
	大きな木が目印になる。	連体詞「大きな」の一部。	連体詞
	秋なのにまだまだ暑い。	断定の助動詞「だ」の連体形で体言につく。	助動詞
	もう少しで追いつきそうな様子だ。	様態の助動詞「そうだ」の連体形。	助動詞
	冬のような寒さ。	比喩の助動詞「ようだ」の連体形。	助動詞
	立入禁止区域に入るな。	禁止の終助詞。文末にあって禁止や命令を表す。	助詞
そうだ	百点がとれそうだ。	様態の助動詞。連用形、形容詞・形容動詞の語幹につく。	助動詞
	明日は雨が降るそうだ。	伝聞の助動詞。終止形につく。	助動詞

中学1・2年の総復習テスト①

20分

70点で合格！　　点

〔　月　日〕

1

次の文章は職場体験の礼状の一部である。――線部「もらい」を適切な表現に直して書きなさい。（10点）

さて、先日は突然のお願いにもかかわらず、貴重なお時間をもらい、ありがとうございました。おかげさまで、陶《とう》器《き》づくりの工程や陶器の魅力について知ることができました。

〔秋田〕

2

次の文の――線部と＝＝線部の関係が適切になるように、＝＝線部を直して書きなさい。（10点）

私が勉強をするのは、夢をかなえるのに必要な学力を身につけたい。

〔埼玉〕

3

次の短文の中でBさんが使った慣用句の中の（　）にあてはまる漢字一字を書きなさい。（10点）

Aさん「私は、『手紙の返事を一日千秋の思いで待っている。』という短文を作りました。」

Bさん「なるほど、それは、身体の一部を表す語が入った慣用句を使って、『手紙の返事を（　）を長くして待っている。』とも言えますね。」

〔埼玉〕

4

次の会話の空欄《くうらん》にあてはまる最も適切な敬語の表現を、あとのア～エの中から一つ選び、その記号を書きなさい。（10点）

先生「ここは美術部の部室ですね。皆《みな》さんの作品を見せてもらえますか。」

生徒「ありがとうございます。どうぞ、ゆっくりと（　）ください。」

ア お見せになって　**イ** ご覧になって

ウ 拝見なさって　**エ** お目にかけて

〔埼玉〕

5

次の文章を読んで、あとの問いに答えなさい。（15点×4）

科学の研究の発端《ほったん》は、科学者個人の好奇心に基づいている。「なぜそうあるのか」を問い質《ただ》そうとする心の働きである。アインシュタインは子どもの頃《ころ》、磁石の動きを見てその不思議さをずっと忘れないでいたという。①アインシュタインならずとも、見えない部分で何が起こり、どのような仕組みが働いているのかを知りたいと誰しもが思う。それは人間が獲得《かくとく》した未知のものへの探究心《たんきゅうしん》であり、何とかしてその謎《なぞ》を明らかにしたいという願望が研究に駆《か》り立てるのである。（中略）

いささか漠《ばく》とした想像が土台となり、そこから論理を組み立てて筋道をつけ、実験や理論の構築へと進んでいく。その思考過程においては、常にある種のイメージを頭に生起させて試行錯誤《さくご》を続けている。そのイメージと実際の計算や実験結果に齟齬《そご》が生じた場合、想像していた仮説を変更するか、論理の筋道をたどり直すか、計算や実験を再構築するか、のフィードバックが入る。（中略）

つまり、知識の創出においては、②によって問題に気づき、想像力によって仮説を抱き、論理性によって筋道を鍛《きた》え上げるというプロセスをとっており、その各々《おのおの》の能力が科学研究者の要件となるのだ。

ところで、研究者の純真な意識において科学はいかなる意味を持っているだろうか。その第一は、純粋な好奇心のみに基づいた探究の欲求である。自然の法則を明らかにしたいとの一念で謎に挑《いど》んでいるからだ。結果やその応用については何ら気にせず、③名声や褒賞《ほうしょう》への欲望もなく、ひたすら研究に集中する。「科学のための科学」に殉《じゅん》じているのだ。「文化としての科学」と言っていいかもしれない。科学は文化の一部門として、主として人々の精神的活動に寄与するためである。

その意味では純粋ではあるが、危《あや》うさもある。パンドラの箱と同様、④箱を開けることのみに夢中になって、そこからどのようなものが飛び出してくるかについて一切頓着《とんちゃく》しなくなるからだ。そして、自分が創り出したものがいかに醜悪《しゅうあく》で害悪を与《あた》えるばかりではあっても、それを研究する自由はあって誰《だれ》も阻止《そし》できないと言い、その使い方は社会の選択《せんたく》だから自分には責任がないとうそぶくことになる。

（池内《いけうち》　了《さとる》「科学・技術と現代社会」）

(1) ——線①「アインシュタインならずとも」を言いかえた表現として適切なものを、次から選び、記号で答えなさい。

ア アインシュタインでないなら
イ アインシュタインでないと
ウ アインシュタインだとしても
エ アインシュタインでなくても

(2) ②に入る適切なことばを、文章中から三字で抜《ぬ》き出しなさい。

(3) ③に入ることばとして最も適切なものを、次から選び、記号で答えなさい。

ア もちろん　イ あるいは　ウ しかも　エ ましてや

(4) ——線④「箱を〜頓着しなくなる」がたとえていることとして最も適切なものを、次から選び、記号で答えなさい。

ア 科学者が好奇心に基づいて研究の自由を主張するばかりで、社会からの期待や評価に関心を持たなくなること。
イ 科学者が研究に全てをささげる一方で、創出した知識の使い方についての責任がなおざりになっても気にしなくなること。
ウ 科学者が研究に対して純真であろうとするあまり、社会の一員として認められなくなっても平然としていること。
エ 科学者が人々の知識欲に応えることに気を奪《うば》われて、自然の法則を解明するという科学本来の目的を見失いがちになること。

(1)
(2)
(3)
(4)

〔兵庫〕

中学1・2年の総復習テスト❷

20分

70点で合格！　　点

月　　日

1

次の――線部の動詞の活用形が他と異《こと》なっているものを、ア〜エから一つ選び、記号で答えなさい。（10点）

メロスは起きてすぐ、花婿《はなむこ》の家を訪れ（ア）た。そうして、少し事情があるから、結婚式を明日にしてくれ、と頼んだ。婿の牧人は驚《おどろ》き（イ）、それはいけない、こちらにはまだなんの支度もできていない、ぶどうの季節まで待って（エ）くれ、と答えた。メロスは、待つ（ウ）ことはできぬ、どうか明日にしてくれたまえ、とさらに押して頼んだ。

（太宰《だざい》 治《おさむ》「走れメロス」）

〔埼玉〕

2

次の――線部と同じ構成（成り立ち）になっている熟語を、あとのア〜エの中から選び、記号を書きなさい。（10点）

人命を救助する。

ア 抑揚　イ 植樹　ウ 会議　エ 運送

〔埼玉〕

3

次の文について、（　　）の中のア〜エのうち最も適切なものを選び、記号で答えなさい。（10点）

今回の大会での彼の活躍《かつやく》には、（ア 目を見張る　イ 目を抜《ぬ》く　ウ 目を配る　エ 目を光らす）ものがある。

〔秋田〕

4

次の文章は夏目漱石《なつめそうせき》著「坊《ぼ》っちゃん」の一部である。この文章の中に、用言（活用のある自立語）はいくつあるか。あとのア〜エから一つ選び、記号で答えなさい。（10点）

そんなものは欲しくないと、いつでも清《きよ》に答えた。すると、あなたは欲が少なくって、心がきれいだと言って、またほめた。

ア 四つ　イ 五つ　ウ 六つ　エ 七つ

〔埼玉〕

5

次の文章を読んで、あとの問いに答えなさい。（15点×4）

［父に可愛がられて育ったヨイは父の反対する相手と結婚したため勘当《かんどう》され、それ以来半年たつ。次は実家から傘《かさ》を取ってこようと決心し父に連絡《れんらく》した場面である。］

ヨイは煙草《たばこ》屋の前に立ち止まって中を覗《のぞ》いた。ヨイが小さいときからおばあちゃんだった煙草屋の女主人は、今でもやっぱりおばあちゃんで、店の奥のこたつに入って小さな背中をまるめている。喉《のど》もとまでせりあがって来る懐《なつ》かしい気持ちは、①今のヨイにとっては危険なものである。ヨイは懐かしさを呑みこんで、店先の赤電話に十円玉を落とした。

電話に出たのは父親だった。傘を取りに来たと用件を告げると、そうかと言って今どこにいるのかと訊《き》いた。「下の煙草《たばこ》屋」というヨイの答えに、そこで待っていろとだけ言って電話を切った。②

ほどあっけなかった。

　五分と経《た》たぬうちに、父は古い自転車にまたがって坂を下って来た。脇《わき》に黒い傘を抱《かか》えている。

「ひとりで来たのか」

　父は自転車から降りると、③ヨイの顔から目をそらすようにして訊《き》いた。息が白い。

「うん」

「――勘当した娘を、家に上げるわけにはいかん」

「……うん」

　父は傘を娘に渡《わた》した。短い沈黙《ちんもく》があった。

「――お前、歩いて来たのか」

　ヨイが黙って頷《うなず》くと、父は自転車のスタンドを立てた。

「これ、乗っていけ」

「え」

「車に気をつけろよ」

　父はそう言うと背中を向けた。――お父さん、ちょっと待って。出かかったことばをあわてて押さえた。

　遠ざかっていく焦茶《こげちゃ》のカーディガンの背中をしばらく見つめたあと、ヨイも自転車を押して反対向きに歩きはじめた。何を期待していたのだろうと思うと、④たまらなく淋《さび》しくなった。

　ヨイが自転車のカゴの中にあるものに気づいたのは、十分ほど歩いたあとだった。ヨイは足を止めて、カゴの中から白い封筒《ふうとう》を手に取った。

　封のされていない封筒の中からは、分厚い祝儀袋《しゅうぎぶくろ》が出てきた。

「……結婚祝い……」


（鷺沢《さぎさわ》　萠《めぐむ》「柿《かき》の木坂の雨傘」）

---

(1) ――線①「今のヨイに～ものである」のはなぜか。（　　）にあてはまる言葉を文章中から五字で抜《ぬ》き出しなさい。
・（　　）の感覚で父に会うと、つい昔を思い出し家族への甘《あま》えの気持ちが出てしまうから。

(2) ［②］に入る言葉を、次から選び、記号で答えなさい。
ア 気が詰まる　イ 気が立つ　ウ 気が抜ける　エ 気が滅入《めい》る

(3) ――線③「ヨイの顔から～訊いた」のはなぜか。最も適切なものを、次から選び、記号で答えなさい。
ア 無条件に可愛がってきた娘なので、つい甘い態度をとってしまいそうになるから。
イ 勘当した娘なので、怒《いか》りで決して許すことはできないと思ったから。
ウ 特別可愛がってきた娘なので、半年間の結婚生活が心配でかわいそうだったから。
エ 久しぶりに会う娘に、気恥《きは》ずかしさを悟《さと》られたくないと思ったから。

(4) ――線④「たまらなく淋しくなった」のはなぜか。最も適切なものを、次から選び、記号で答えなさい。
ア 父の素《そ》っ気ない態度に子供の頃《ころ》を思い出したから。
イ 父の威厳《いげん》と自分の卑屈《ひくつ》さに拒絶《きょぜつ》感を抱《いだ》いたから。
ウ 父の無理解と自分の強引さに隔《へだ》たりを感じたから。
エ 父の固い決意と自分の安易《あんい》な甘えに距離を感じたから。

〔沖縄〕

(1)

(2)

(3)

(4)

中学1・2年の総復習テスト ③

20分

70点で合格！

点

月　日

1

次の――線部「役不足」の本来の用法として最も適切なものを、あとから選び、記号で答えなさい。（5点）

加藤さん　最近、トムさんは日本語に慣れてきたようね。先生から日本語サポート役に任命された鈴木さんのおかげかしら。

鈴木さん　からかわないでくれよ。家が近いということで先生に頼まれたときは、「役不足です」って断ったはずなのに……。

ア 失敗ばかりの彼に大役を任せるような役不足は、ぜひ避《さ》けたい。

イ 役者が十人いるのに、役が八つしかない役不足な事態が生じた。

ウ 念願の主役に選ばれ、「役不足ですが、頑張ります」と謙遜《けんそん》した。

エ あれほどの実績を上げている彼に、雑用係とは役不足だ。

〔千葉〕

2

次の――線部の文節と═線部の文節の関係を、あとの**ア**～**エ**から一つ選び、記号で答えなさい。（10点）

丘の　上の　大きな　家まで　ゆっくり　歩く。

ア 主述（主語・述語）の関係　**イ** 修飾・被修飾の関係

ウ 並立の関係　**エ** 補助の関係

〔埼玉〕

3

次の═線部「で」と同じ意味（働き）で使われている「で」を含む文を、あとの**ア**～**エ**から選び、記号で答えなさい。（10点）

昨日、自動車で家族と牧場に出かけた。

ア 日本は平和である。　**イ** やかんでお湯をわかす。

ウ 彼は疲れていたようである。　**エ** シラコバトが飛んでいる。

〔埼玉〕

4

次の文章を読んで、あとの問いに答えなさい。

[1] 戦後六十年以上たって農村はまるで変わったが、家だけは今も残っていて山羊《やぎ》小母はこの家に一人で住んでいた。（中略）家は戸障子《しょうじ》を取りはずして、ほとんどがらんどうの空間の中に平然として、小さくちんまりと座っている。「さびしくないの」ときいてみると、何ともユニークな答えが返ってきた。「なあんもさびしかないよ。この家の中にはいっぱいご先祖さまがいて、毎日守っていてくださるんだ。お仏壇《ぶつだん》にはお経は上げないけれど、その日にあったことはみんな話しているよ」というわけである。家の中のほの暗い隅々《すみずみ》にはたくさんの祖霊《それい》が住んでいて、いまやけっこ

う大家族なのだという。それはどこか怖《こわ》いような夜に思えるが、長く生きてたくさんの人の死を看取《みと》ったり、一生という命運を見とどけてきた山羊小母にとっては、温《ぬく》とい思い出の影《かげ》がその辺いっぱいに漂《ただよ》っているようなもので、かえって安らかなのである。
〈1〉

2 私のような都会育ちのものは、どうかすると人間がもっている時間というものをつい忘れて、えたいのしれない時間に追いまわされてあせっているのだが、山羊小母の意識にある人間の時間はもっと長く、前代、前々代へとさかのぼる広がりがあって、そしてその時間を受け継《つ》いでいる今の時間なのだ。〈2〉築百八十年の家に住んでいると、しぜんにそうなるのだろうか。村の古いなじみの家の一軒《いっけん》一軒にある時間、それは川の流れのようにあっさりしたものではなく、そこに生きた人間の顔や、姿や、生きた物語とともに伝えられてきたものである。破滅《はめつ》に瀕《ひん》した時間もあれば、興隆《こうりゅう》の活力を見せた時間もある。〈3〉

3 冬は雪が家屋の一階部分を埋《う》め尽《つ》くした。今は雪もそんなには降らなくなり、道にも融雪《ゆうせつ》器がついて交通も便利になった。それでも一冬に一度ぐらいは大雪が降り、車が通らなくなることがある。かつてこの村の春は、等身大の地蔵さまの首が雪の上に現れるころからだった。長靴《ながぐつ》でぶすっぶすっとひざまで沈《しず》む雪の庭を歩いていると、山羊小母はその傍《かたわら》を雪下駄《げた》を履《は》いてすいすいと歩いてゆく。ふしぎな、妖《あや》しい歩行術である。（中略）

4 長男でもなく二男でもない私の父は、こんな村の時間からこぼれ落ちて、都市の一隅《いちぐう》に一人一人がもつ一生という小さな時間を抱《いだ》いて終わった。私も都市に生まれ、都市に育って、そういう時間をもっているだけだが、折ふしにこの山羊小母たちがもっている安らかな生の時間のことが思われる。〈4〉

（馬場《ばば》あき子《こ》「歌よみの眼」）

---

(1) ——線部「ユニークな答え」とあるが、その説明として最も適当なものを、次から選び、記号で答えなさい。（10点）

ア がらんとした家での一人暮らしは怖いはずだが、かえって静かで安らかだと感じている点。

イ 実際は一人で暮らしているのに、多くの祖先を一緒《いっしょ》に暮らす家族のようにとらえている点。

ウ 祖先に見守られて暮らしているのに、仏壇にお経を上げることはないと言い放っている点。

エ 築百八十年のいなか家は一人で住むには広すぎるが、全くさびしくないと強がっている点。

(2) 次の文は文章中のどの段落について述べたものか。その段落番号を答えなさい。（10点）

・効果的な擬態語《ぎたい》で人物の動きを描写《びょうしゃ》し、その人物がかもし出す雰囲気や魅力《みりょく》を巧《たく》みに表現している。

(3) 次の一文が入る最も適当な箇所《かしょ》を、文章中の〈1〉～〈4〉から選び、数字で答えなさい。（10点）

そんな物語や逸話《いつわ》を伝えるのが老人たちの役割だった。

〔愛知〕

(1) □

(2) □

(3) □

5 次の文章を読んで、あとの問いに答えなさい。

鳥羽《とば》院の御時《おんとき》、花のさかりに、法勝寺《ほつしやうじ》へ*御幸《みゆき》ならんとしけるに、
（鳥羽院が世を治められていた時）（法勝寺へお出かけなさろうとしたおりに）
*執行《しゆぎやう》なりける人、見てとく①まゐりけるに、庭の上に、所もなく花散
（それを知って急いで寺に参上したところ）
りしきたりけるを、②「あさましき事なり。ただ今御幸のならんずるに、
（今すぐお出かけがあろうというのに）
今まで庭を掃《は》かせざりける。」と叱《しか》り、③腹立ちて、*公文《くもん》の従儀師《じゆぎし》を召
して、「今までいかに掃除《さうじ》をばせざりけるぞ。④ふしぎなり。」と⑤言ひ
（どうして）（しなかったのだ）
ければ、ついひざまづきて、
（さっと）

散るもうし散りしく庭もはかまうし花に物思ふ春の*とのもり
（つらい）（掃くのもつらい）（もの思いをする）

（藤原信実《ふじわらののぶざね》「今物語《いまものがたり》」）

*御幸＝ここでは、院のお出かけのこと。
*執行なりける人＝寺の運営にかかわる責任者。
*公文の従儀師＝寺の僧に対して、作法にかなった立ち居振る舞いを指導する人物の補佐役。
*とのもり＝庭の掃除などに従事する役人。

(1) ――線①「まゐり」を現代仮名遣《づか》いに改めて、すべて平仮名で書きなさい。（5点）

(2) ――線②「あさましき事なり」を説明した次の文の（　）に入ることばを三字で書きなさい。（10点）

・「執行なりける人」が、鳥羽院のお出かけがあると知って、お迎えの準備の状況を気にして急いで寺に参上したところ、庭一面に（　　）もないほど花が散ったままの状態であることに驚きあきれている。

(3) ――線③、⑤の主語の組み合わせとして最も適当なものを、次から選び、記号で答えなさい。（10点）

ア ③鳥羽院　⑤鳥羽院　　イ ③鳥羽院　⑤公文の従儀師
ウ ③執行なりける人　⑤公文の従儀師
エ ③執行なりける人　⑤執行なりける人

(4) ――線④の本文中の意味として最も適当なものを、次から選び、記号で答えなさい。（10点）

ア 気がかりなことだ　　イ おもしろいことだ
ウ 非常識なことだ　　エ 当然のことだ

(5) この和歌に込められた気持ちとして最も適当なものを、次から選び、記号で答えなさい。（10点）

ア 桜の花が散るのはつらいが、散った花を惜しんで掃かずにいると叱られるので鳥羽院がいらっしゃる前に掃こう。
イ 花が散るのはつらくないが、散った花を掃かずにいるのはつらいので鳥羽院がいらっしゃる前に掃くつもりでいた。
ウ 花が散るのはつらいし、散った花を掃くのは面倒だが、鳥羽院がいらっしゃる前に掃かないわけにはいかない。
エ 花が散るのも、美しく散り敷いた花を掃くのも残念でつらいので鳥羽院のために掃かずにおいている。

(1) ［　　］
(2) ［　｜　｜　］
(3) ［　　］
(4) ［　　］
(5) ［　　］

〔兵庫〕

1 漢字の読み(1)

/15

① 率直に自分の意見を言う。
② 自然の恩恵にあずかる。
③ 里山の木が伐採される。
④ 作業員の操作ミスだ。
⑤ 最後に新曲が披露された。
⑥ 頻繁に水分補給をする。
⑦ 大会の出場権を放棄した。
⑧ 父は体裁を重んじる人だ。
⑨ 先生の話は示唆に富む。
⑩ 後半に均衡が破られた。
⑪ 寛容な心で受け入れる。
⑫ 日本映画の不朽の名作。
⑬ 暗やみを凝視する。
⑭ 話し合いを円滑に進める。
⑮ 安全の基本概念。

（2の答え）

① そうぐう ② そぼく ③ ばくぜん ④ みりょく ⑤ こくふく ⑥ じゅんかん ⑦ なっとく ⑧ そまつ ⑨ そち ⑩ ひってき ⑪ ぎんみ ⑫ りんかく ⑬ けつじょ ⑭ きろ ⑮ そうしつ

3 漢字の読み(3)

/15

① 決して妥協しない。
② 天体が衝突する。
③ 丁寧に仕上げる。
④ 分析結果をまとめる。
⑤ 監督就任を要請する。
⑥ 執念の逆転劇。
⑦ 厄介なことになった。
⑧ 嫌いな食べ物はない。
⑨ チームの勝利に貢献する。
⑩ 新しい情報を得る。
⑪ 他国に干渉する。
⑫ 該当する箇所に記入する。
⑬ 文章を解釈する。
⑭ 顕著に表れている。
⑮ フランス語に翻訳する。

（4の答え）

① ざっとう ② むじゅん ③ きふく ④ せっちゅう ⑤ たづな ⑥ けいだい ⑦ はいき ⑧ ほうかい ⑨ けっさく ⑩ くちょう ⑪ したく ⑫ ばいかい ⑬ きょうい ⑭ べんぎ ⑮ たんてき

5 漢字の読み(5)

/15

① 兄が就職した。
② 唯一無二の親友。
③ 雑誌に掲載された。
④ 雰囲気がいい店。
⑤ 状況を把握する。
⑥ 家では遠慮しない。
⑦ 仏像の柔和な表情。
⑧ 任務を遂行する。
⑨ 規制を緩和する。
⑩ 道具を駆使する。
⑪ 節約を徹底している。
⑫ 自由を享受する。
⑬ 謙虚な態度で接する。
⑭ 膨大な資料に目を通す。
⑮ 記録を更新する。

（6の答え）

① ゆだ ② なぐさ ③ おだ ④ なめ ⑤ おちい ⑥ こば ⑦ し ⑧ あお ⑨ こ ⑩ たずさ ⑪ けわ ⑫ おごそ ⑬ あわ ⑭ もよお ⑮ ほどこ

7 漢字の読み(7)

/15

① 日ざしを遮る物がない。
② 記憶力が衰える。
③ 反対派が多数を占める。
④ 物かげに潜む。
⑤ 鮮やかな色彩。
⑥ 着物のほつれを繕う。
⑦ 巧みに操る。
⑧ 借金の返済を促す。
⑨ 注意を怠る。
⑩ 担任の先生。
⑪ 精神を鍛える。
⑫ 新生活に心も弾む。
⑬ 著しく低下した。
⑭ 手ごわい相手に挑む。
⑮ 車窓の景色を眺める。

（8の答え）

① すた ② さいばい ③ ともな ④ こうむ ⑤ つい ⑥ おもむ ⑦ おお ⑧ まぎ ⑨ かたよ ⑩ かか ⑪ とぼ ⑫ さまた ⑬ さと ⑭ おさ ⑮ ほが

2 漢字の読み (2)

/15

① 災害に遭遇する。
② 素朴な疑問。
③ 漠然とした考え。
④ 魅力を感じる。
⑤ 苦手教科を克服する。
⑥ 血液の循環。
⑦ 納得できない。
⑧ 粗末な小屋。
⑨ 必要な措置を講じる。
⑩ 年収に匹敵する金額。
⑪ じっくり吟味する。
⑫ 顔の輪郭を描く。
⑬ モラルの欠如。
⑭ 人生の岐路に立つ。
⑮ 喪失感を味わう。

（1の答え）

① そっちょく
② おんけい
③ ばっさい
④ そうさ
⑤ ひろう
⑥ ひんぱん
⑦ ほうき
⑧ ていさい
⑨ しさ
⑩ きんこう
⑪ かんよう
⑫ ふきゅう
⑬ ぎょうし
⑭ えんかつ
⑮ がいねん

4 漢字の読み (4)

/15

① 雑踏にまぎれる。
② 矛盾を感じる。
③ 感情の起伏がある。
④ 和洋折衷の服装。
⑤ 手綱をゆるめる。
⑥ 神社の境内で遊ぶ。
⑦ 車の排気ガス。
⑧ 古い建物が崩壊する。
⑨ アニメの傑作を集める。
⑩ 祖母の口調をまねる。
⑪ 夕食の支度をする。
⑫ 鳥が媒介する病気。
⑬ 新型ウイルスの脅威。
⑭ 友人に便宜を図る。
⑮ 端的に表す。

（3の答え）

① だきょう
② しょうとつ
③ ていねい
④ ぶんせき
⑤ ようせい
⑥ しゅうねん
⑦ やっかい
⑧ きら
⑨ こうけん
⑩ じょうほう
⑪ かんしょう
⑫ がいとう
⑬ かいしゃく
⑭ けんちょ
⑮ ほんやく

6 漢字の読み (6)

/15

① 身を委ねる。
② 泣いた妹を慰める。
③ 穏やかな気候。
④ 舌が滑らかになる。
⑤ 敵の術中に陥る。
⑥ かたくなに入部を拒む。
⑦ きつい練習を強いる。
⑧ 人生の師と仰ぐ。
⑨ 目を凝らして見る。
⑩ 手を携えて歩く。
⑪ 険しい山道をたどる。
⑫ 厳かなたたずまい。
⑬ 慌てて出かける。
⑭ 催し物が開かれた。
⑮ 他人の施しを受ける。

（5の答え）

① しゅうしょく
② ゆいいつ
③ けいさい
④ ふんいき
⑤ はあく
⑥ えんりょ
⑦ にゅうわ
⑧ すいこう
⑨ かんわ
⑩ くし
⑪ てってい
⑫ きょうじゅ
⑬ けんきょ
⑭ ぼうだい
⑮ こうしん

8 漢字の読み (8)

/15

① 流行語はすぐに廃れる。
② 花を栽培する。
③ 痛みを伴う構造改革。
④ 多大な損害を被る。
⑤ ゲームに時間を費やす。
⑥ 自ら現地へ赴く。
⑦ マスクで顔を覆う。
⑧ 大勢いると気が紛れる。
⑨ 偏った食生活。
⑩ 多くの問題を抱える。
⑪ 資金が乏しい。
⑫ 敵の侵入を妨げる。
⑬ 弟に諭される。
⑭ 感情を抑えて話す。
⑮ とても朗らかな人だ。

（7の答え）

① さえぎ
② おとろ
③ し
④ ひそ
⑤ あざ
⑥ つくろ
⑦ あやつ
⑧ うなが
⑨ おこた
⑩ たんにん
⑪ きた
⑫ はず
⑬ いちじる
⑭ いど
⑮ なが

9 漢字の書き (1)

/15

① 筋肉がシュウシュクする。
② 弓のメイシュと出会う。
③ 自分のヤクワリを果たす。
④ 朝顔のカンサツをする。
⑤ 悪い予感がノウリをよぎる。
⑥ 未知のリョウイキに入った。
⑦ アンイな言動はつつしむべきだ。
⑧ コウリツよく作業する。
⑨ ゲンミツにいうと別物だ。
⑩ 地下のタンクにチョゾウする。
⑪ 化学ヒリョウは使わない。
⑫ センモン家の意見を聞く。
⑬ この絵は一見のカチがある。
⑭ フッキュウのめどが立たない。
⑮ カクイツカされた若者。

（10の答え）

① 故郷 ② 航空 ③ 前提 ④ 支障 ⑤ 訪問 ⑥ 満足 ⑦ 興奮 ⑧ 刷新 ⑨ 加減 ⑩ 重大 ⑪ 停止 ⑫ 宇宙 ⑬ 精密 ⑭ 財布 ⑮ 典型的

11 漢字の書き (3)

/15

① 実力が十分にハッキされる。
② 富士山トウチョウを試みる。
③ 学校のデントウを重んじる。
④ 法律のセイヤクを受ける。
⑤ 植物ユライの成分を配合する。
⑥ ボウフウ警報が発令された。
⑦ 家賃を自分でフタンする。
⑧ ショウヒをうながす政策。
⑨ 現場をシサイにレポートする。
⑩ 修理はカンタンにできた。
⑪ 失敗のヨウインを明かす。
⑫ 地球キボで考える。
⑬ みんなからヒナンされる。
⑭ 全員イチガンとなって戦う。
⑮ ロウガンキョウをかけた。

（12の答え）

① 豊富 ② 創刊 ③ 洗練 ④ 反映 ⑤ 特有 ⑥ 拡張 ⑦ 配給 ⑧ 貨物 ⑨ 秘蔵 ⑩ 意図 ⑪ 演奏 ⑫ 印象 ⑬ 清潔 ⑭ 上陸 ⑮ 不思議

13 漢字の書き (5)

/15

① コクモツを育てる。
② 野山をサンサクする。
③ フクザツな仕組み。
④ コンナンに立ち向かう。
⑤ 秋のケハイを感じる。
⑥ ホウソウ紙をはがす。
⑦ 飛行機をソウジュウする。
⑧ ショウジを張りかえる。
⑨ キンロウ感謝の日。
⑩ 会長のセキムを果たす。
⑪ 文化祭にショウタイする。
⑫ 教室に作品をテンジする。
⑬ チュウヤを問わず働く。
⑭ 時代のフウチョウに流される。
⑮ レイゾウコを買いかえる。

（14の答え）

① 貴重 ② 子孫 ③ 持続 ④ 事態 ⑤ 保水 ⑥ 綿密 ⑦ 故障 ⑧ 皮肉 ⑨ 構築 ⑩ 準備 ⑪ 姿勢 ⑫ 業績 ⑬ 規則 ⑭ 祝辞 ⑮ 留守番

15 漢字の書き (7)

/15

① ウタガいを晴らす。
② 太陽の光を全身にアびる。
③ 空気をおもいきりスう。
④ 実にヨロコばしいことだ。
⑤ 先行きがアヤぶまれる。
⑥ 木のミキに虫がとまっている。
⑦ コトなる言語を使い分ける。
⑧ 牛のツノをさわった。
⑨ タシかな手ごたえ。
⑩ 新しいメが出た。
⑪ 一年間を海外でスごす。
⑫ 船が港からトオざかる。
⑬ 白線にソって歩く。
⑭ 洋品店をイトナんでいる。
⑮ ヒタイにしわをよせる。

（16の答え）

① 拾 ② 豊 ③ 借 ④ 捨 ⑤ 射 ⑥ 支 ⑦ 奮 ⑧ 刻 ⑨ 降 ⑩ 耕 ⑪ 構 ⑫ 厳 ⑬ 穴 ⑭ 胸 ⑮ 器

10 漢字の書き (2)

/15

① コキョウの山を思い出す。
② 格安コウクウ券を予約する。
③ 結婚をゼンテイとしたつき合い。
④ 運営にシショウをきたす。
⑤ 会社をホウモンする。
⑥ 今の生活にマンゾクしている。
⑦ まだコウフンが冷めない。
⑧ 役員人事をサッシンする。
⑨ 力のカゲンがわからない。
⑩ ジュウダイな発表があった。
⑪ すべての活動をテイシする。
⑫ 日本人ウチュウ飛行士。
⑬ セイミツ検査を受ける。
⑭ サイフを忘れて出かけた。
⑮ テンケイテキな冬の気候。

（9の答え）

① 収縮 ② 名手 ③ 役割 ④ 観察 ⑤ 脳裏 ⑥ 領域 ⑦ 安易 ⑧ 効率 ⑨ 厳密 ⑩ 貯蔵 ⑪ 肥料 ⑫ 専門 ⑬ 価値 ⑭ 復旧 ⑮ 画一化

12 漢字の書き (4)

/15

① 知識がホウフにある。
② 新しい雑誌がソウカンされた。
③ センレンされたファッション。
④ 時代をハンエイした言葉。
⑤ 日本トクユウの文化。
⑥ 道路をカクチョウする工事。
⑦ 物資のハイキュウを待つ。
⑧ カモツ用の列車。
⑨ 名画をヒゾウする。
⑩ 相手のイトをくむ。
⑪ 楽器をエンソウする。
⑫ 良いインショウを与える。
⑬ セイケツな下着をつける。
⑭ 台風がジョウリクした。
⑮ フシギな話を聞いた。

（11の答え）

① 発揮 ② 登頂 ③ 伝統 ④ 制約 ⑤ 由来 ⑥ 暴風 ⑦ 負担 ⑧ 消費 ⑨ 子細 ⑩ 簡単 ⑪ 要因 ⑫ 規模 ⑬ 非難 ⑭ 一丸 ⑮ 老眼鏡

14 漢字の書き (6)

/15

① キチョウな地下資源。
② シソンに命をつなぐ。
③ ジゾク可能な開発。
④ ジタイが急変する。
⑤ ホスイ性の高いシート。
⑥ メンミツに計画を立てる。
⑦ 給湯器がコショウした。
⑧ ほめ言葉がヒニクに聞こえる。
⑨ 新制度をコウチクする。
⑩ 旅行のジュンビが整う。
⑪ 正しいシセイですわる。
⑫ 会社のギョウセキが上がる。
⑬ 寮のキソクに従う。
⑭ 市長がシュクジを述べる。
⑮ 弟にルスバンをさせる。

（13の答え）

① 穀物 ② 散策 ③ 複雑 ④ 困難 ⑤ 気配 ⑥ 包装 ⑦ 操縦 ⑧ 障子 ⑨ 勤労 ⑩ 責務 ⑪ 招待 ⑫ 展示 ⑬ 昼夜 ⑭ 風潮 ⑮ 冷蔵庫

16 漢字の書き (8)

/15

① 消しゴムをヒロう。
② ユタかな暮らし。
③ 図書館で本をカりる。
④ 教室のごみをスてにいく。
⑤ 的をイた発言。
⑥ 片手で体をササえる。
⑦ 勇気をフルい起こす。
⑧ 正確に時をキザむ。
⑨ 四日続けて雨がフった。
⑩ くわで畑をタガヤす。
⑪ 遅れてもカマわない。
⑫ キビしく注意された。
⑬ くつ下にアナがあいた。
⑭ 期待にムネをふくらませる。
⑮ 大きなウツワに移しかえる。

（15の答え）

① 疑 ② 浴 ③ 吸 ④ 喜 ⑤ 危 ⑥ 幹 ⑦ 異 ⑧ 角 ⑨ 確 ⑩ 芽 ⑪ 過 ⑫ 遠 ⑬ 沿 ⑭ 営 ⑮ 額

17 漢字の書き(9)

/15

① 集中して試合にノゾむ。
② 戦国大名がキズいた城。
③ 見物席をモウける。
④ オリからの雨で中止になった。
⑤ 長年の努力のツみ重ね。
⑥ 火のイキオいが弱まった。
⑦ 釣り糸をタらす。
⑧ 手間をハブく。
⑨ 棚に商品をオギナう。
⑩ 母にアみ物を習う。
⑪ 念仏をトナえる。
⑫ 不良品をノゾく。
⑬ 旅行中はペットをアズける。
⑭ まだ実がウれていない。
⑮ 小さな命をヤドす。

（18の答え）

①伝 ②導 ③届 ④訪 ⑤備 ⑥湯冷 ⑦灰色 ⑧手招 ⑨粉雪 ⑩名札 ⑪日照 ⑫背比 ⑬正夢 ⑭遠浅 ⑮菜種

19 類義語(1)

/20

① 安全 ―
② 案外 ―
③ 意味 ―
④ 異国 ―
⑤ 異存 ―
⑥ 一門 ―
⑦ 運輸 ―
⑧ 永久 ―
⑨ 往来 ―
⑩ 改善 ―
⑪ 皆無 ―
⑫ 格別 ―
⑬ 敢行 ―
⑭ 看護 ―
⑮ 機転 ―
⑯ 帰郷 ―
⑰ 父母 ―
⑱ 疑問 ―
⑲ 休憩 ―
⑳ 近所 ―

（20の答え）

①有数 ②計測 ③短所 ④節約 ⑤談判 ⑥効用 ⑦親切 ⑧進歩 ⑨絶賛 ⑩思案 ⑪一致 ⑫資産 ⑬同意 ⑭志望 ⑮順序 ⑯栄養 ⑰放言 ⑱腕前 ⑲首府 ⑳修理

21 類義語(3)

/20

① 終生 ―
② 重要 ―
③ 出版 ―
④ 順調 ―
⑤ 書簡 ―
⑥ 将来 ―
⑦ 消息 ―
⑧ 真実 ―
⑨ 成就《じょうじゅ》 ―
⑩ 盛衰 ―
⑪ 精読 ―
⑫ 説明 ―
⑬ 先祖 ―
⑭ 体験 ―
⑮ 体裁 ―
⑯ 知己 ―
⑰ 仲裁 ―
⑱ 注意 ―
⑲ 注目 ―
⑳ 著名 ―

（22の答え）

①適切 ②自然 ③不意 ④使命 ⑤我慢 ⑥役者 ⑦成長 ⑧発達 ⑨長所 ⑩失敗 ⑪留守 ⑫景色 ⑬文明 ⑭沿革 ⑮専念 ⑯失礼 ⑰立派 ⑱度胸 ⑲準備 ⑳承知

23 対義語(1)

/20

① 緯度 ―
② 違法 ―
③ 陰極 ―
④ 韻文 ―
⑤ 運動 ―
⑥ 温暖 ―
⑦ 下校 ―
⑧ 可決 ―
⑨ 過失 ―
⑩ 概算 ―
⑪ 拡大 ―
⑫ 感情 ―
⑬ 還元 ―
⑭ 既知 ―
⑮ 期待 ―
⑯ 凶作 ―
⑰ 禁止 ―
⑱ 苦痛 ―
⑲ 偶然 ―
⑳ 形式 ―

（24の答え）

①原因 ②義務 ③例外 ④増加 ⑤語幹 ⑥否定 ⑦分解 ⑧栄転 ⑨収入 ⑩人工 ⑪成功 ⑫理論 ⑬客観 ⑭供給 ⑮遺失 ⑯解散 ⑰不足 ⑱独立 ⑲逆境 ⑳敗北

18 漢字の書き (10)

/15

① 手紙で気持ちをツタえる。
② 子を教えミチビく。
③ 海外から便りがトドく。
④ 春のオトズれを感じた。
⑤ ソナえあれば憂いなし。
⑥ ユザめしてかぜをひいた。
⑦ 泣き出しそうなハイイロの空。
⑧ 男がテマネきしていた。
⑨ コナユキが舞い散る。
⑩ 首からナフダをさげている。
⑪ 夏はヒデりが続く。
⑫ どんぐりのセイクラベ。
⑬ マサユメになってほしい。
⑭ トオアサの海岸で泳ぐ。
⑮ ナタネ油で揚げる。

（17の答え）

①臨 ②築 ③設 ④折 ⑤積 ⑥勢 ⑦垂 ⑧省 ⑨補 ⑩編 ⑪唱 ⑫除 ⑬預 ⑭熟 ⑮宿

20 類義語 (2)

/20

① 屈指	—	□
② 計量	—	□
③ 欠点	—	□
④ 倹約	—	□
⑤ 交渉	—	□
⑥ 効能	—	□
⑦ 厚意	—	□
⑧ 向上	—	□
⑨ 好評	—	□
⑩ 考慮	—	□
⑪ 合致	—	□
⑫ 財産	—	□
⑬ 賛成	—	□
⑭ 志願	—	□
⑮ 次第	—	□
⑯ 滋養	—	□
⑰ 失言	—	□
⑱ 手腕	—	□
⑲ 首都	—	□
⑳ 修繕	—	□

（19の答え）

①無事 ②意外 ③意義 ④外国 ⑤異議 ⑥一族 ⑦運送 ⑧永遠 ⑨道路 ⑩改良 ⑪絶無 ⑫特別 ⑬断行 ⑭看病 ⑮機知 ⑯帰省 ⑰両親 ⑱質問 ⑲休息 ⑳近辺

22 類義語 (4)

/20

① 適当	—	□
② 天然	—	□
③ 突然	—	□
④ 任務	—	□
⑤ 忍耐	—	□
⑥ 俳優	—	□
⑦ 発育	—	□
⑧ 発展	—	□
⑨ 美点	—	□
⑩ 不覚	—	□
⑪ 不在	—	□
⑫ 風景	—	□
⑬ 文化	—	□
⑭ 変遷	—	□
⑮ 没頭	—	□
⑯ 無礼	—	□
⑰ 見事	—	□
⑱ 勇気	—	□
⑲ 用意	—	□
⑳ 了解	—	□

（21の答え）

①一生 ②大切 ③刊行 ④好調 ⑤手紙 ⑥未来 ⑦音信 ⑧事実 ⑨達成 ⑩興亡 ⑪熟読 ⑫解説 ⑬祖先 ⑭経験 ⑮外見 ⑯知人 ⑰調停 ⑱用心 ⑲着目 ⑳有名

24 対義語 (2)

/20

① 結果	—	□
② 権利	—	□
③ 原則	—	□
④ 減少	—	□
⑤ 語尾	—	□
⑥ 肯定	—	□
⑦ 合成	—	□
⑧ 左遷	—	□
⑨ 支出	—	□
⑩ 自然	—	□
⑪ 失敗	—	□
⑫ 実践	—	□
⑬ 主観	—	□
⑭ 需要	—	□
⑮ 拾得	—	□
⑯ 集合	—	□
⑰ 充足	—	□
⑱ 従属	—	□
⑲ 順境	—	□
⑳ 勝利	—	□

（23の答え）

①経度 ②合法 ③陽極 ④散文 ⑤静止 ⑥寒冷 ⑦登校 ⑧否決 ⑨故意 ⑩精算 ⑪縮小 ⑫理性 ⑬酸化 ⑭未知 ⑮失望 ⑯豊作 ⑰許可 ⑱快楽 ⑲必然 ⑳内容

25 対義語 (3)

① 上昇 ― □
② 心配 ― □
③ 進化 ― □
④ 整然 ― □
⑤ 復路 ― □
⑥ 生産 ― □
⑦ 斉唱 ― □
⑧ 積極 ― □
⑨ 絶対 ― □
⑩ 戦争 ― □

⑪ 前進 ― □
⑫ 濁流 ― □
⑬ 単純 ― □
⑭ 短縮 ― □
⑮ 抽象 ― □
⑯ 直接 ― □
⑰ 当選 ― □
⑱ 当番 ― □
⑲ 動脈 ― □
⑳ 肉食 ― □

/20

(26の答え)

① 精神 ② 受動 ③ 地味 ④ 建設 ⑤ 国産 ⑥ 楽観 ⑦ 朗報 ⑧ 原告 ⑨ 文末 ⑩ 差別 ⑪ 団体 ⑫ 革新 ⑬ 南下 ⑭ 急性 ⑮ 不満 ⑯ 創造 ⑰ 現実 ⑱ 着陸 ⑲ 優良 ⑳ 断絶

27 同音異義語 (1)

① 人工エイセイを打ち上げる。
② 家族のエイセイを保つ。
③ 病状がカイホウに向かう。
④ 校庭を市民にカイホウする。
⑤ カセツ住宅を建てる。
⑥ カセツを立てて検証する。
⑦ 二直線が平行だとカテイする。
⑧ 人類の進化のカテイ。
⑨ 立派な行いにカンシンする。
⑩ 国民のカンシンが高まる。
⑪ 逃げ出すキカイをうかがう。
⑫ 農業をキカイ化する。
⑬ 体育でキカイ体操を行う。
⑭ 乱気流でキタイがゆれた。
⑮ キタイの性質を調べる。

/15

(28の答え)

① 収拾 ② 収集 ③ 新入 ④ 進入 ⑤ 対照 ⑥ 対象 ⑦ 体制 ⑧ 態勢 ⑨ 大成 ⑩ 展開 ⑪ 転回 ⑫ 保証 ⑬ 保障 ⑭ 容易 ⑮ 用意

29 同訓異字 (1)

① アタタかい飲み物。
② アタタかい部屋。
③ 判断をアヤマる。
④ 非を認めてアヤマる。
⑤ 野生動物が姿をアラワす。
⑥ 晩年に書物をアラワす。
⑦ 整列して敬意をアラワす。
⑧ 国民の代表が国をオサめる。
⑨ 若くして成功をオサめる。
⑩ 渡米して学問をオサめる。
⑪ 自治体にも税金をオサめる。
⑫ 家の中で犬をカう。
⑬ コンビニで弁当をカう。
⑭ 話に水をサす。
⑮ 時計の針が三時をサす。

/15

(30の答え)

① 映 ② 写 ③ 移 ④ 済 ⑤ 住 ⑥ 裁 ⑦ 絶 ⑧ 断 ⑨ 立 ⑩ 採 ⑪ 取 ⑫ 治 ⑬ 直 ⑭ 易 ⑮ 優

31 熟字訓 (1)

① 小豆 ② 海女 ③ 意気地 ④ 田舎 ⑤ 乳母 ⑥ 笑顔 ⑦ 神楽 ⑧ 河岸 ⑨ 果物 ⑩ 雑魚 ⑪ 五月雨 ⑫ 時雨 ⑬ 竹刀 ⑭ 砂利 ⑮ 素人 ⑯ 師走 ⑰ 山車 ⑱ 太刀 ⑲ 七夕 ⑳ 梅雨 ㉑ 仲人 ㉒ 名残 ㉓ 祝詞 ㉔ 博士 ㉕ 波止場 ㉖ 日和 ㉗ 真面目 ㉘ 土産 ㉙ 息子 ㉚ 眼鏡

/30

(32の答え)

① もみじ ② もめん ③ やおや ④ ゆかた ⑤ ゆくえ ⑥ よせ ⑦ わこうど ⑧ いおう ⑨ いぶき ⑩ うわき ⑪ おとめ ⑫ かぜ ⑬ かや ⑭ かわせ ⑮ くろうと ⑯ さなえ ⑰ しっぽ ⑱ しにせ ⑲ しばふ ⑳ じゅず ㉑ しらが ㉒ すもう ㉓ ぞうり ㉔ たび ㉕ ちご ㉖ とあみ ㉗ なだれ ㉘ ふぶき ㉙ まいご ㉚ もさ

26 対義語 (4)

/20

① 肉体 ―― □
② 能動 ―― □
③ 派手 ―― □
④ 破壊 ―― □
⑤ 舶来 ―― □
⑥ 悲観 ―― □
⑦ 悲報 ―― □
⑧ 被告 ―― □
⑨ 文頭 ―― □
⑩ 平等 ―― □
⑪ 個人 ―― □
⑫ 保守 ―― □
⑬ 北上 ―― □
⑭ 慢性 ―― □
⑮ 満足 ―― □
⑯ 模倣 ―― □
⑰ 理想 ―― □
⑱ 離陸 ―― □
⑲ 劣悪 ―― □
⑳ 連続 ―― □

（25の答え）

①下降　②安心　③退化　④雑然　⑤往路　⑥消費　⑦独唱　⑧消極　⑨相対　⑩平和　⑪後退　⑫清流　⑬複雑　⑭延長　⑮具体　⑯間接　⑰落選　⑱非番　⑲静脈　⑳草食

28 同音異義語 (2)

/15

① 当局が事態をシュウシュウする。
② 趣味は切手のシュウシュウだ。
③ シンニュウ部員を募集する。
④ 車両のシンニュウを禁止する。
⑤ 二人の性格はタイショウ的だ。
⑥ 中学生をタイショウとする。
⑦ 社会主義タイセイをとる国。
⑧ 戦闘タイセイをととのえる。
⑨ 事業家としてタイセイする。
⑩ 事態が急テンカイする。
⑪ 自動車をテンカイさせる。
⑫ 品質をホショウする。
⑬ 国の安全ホショウの問題。
⑭ 一人でやるのはヨウイではない。
⑮ 旅行に出かけるヨウイをする。

（27の答え）

①衛星　②衛生　③快方　④開放　⑤仮設　⑥仮説　⑦仮定　⑧過程　⑨感心　⑩関心　⑪機会　⑫機械　⑬器械　⑭機体　⑮気体

30 同訓異字 (2)

/15

① 鏡に全身をウツす。
② 板書をノートにウツす。
③ 机をとなりの教室にウツす。
④ 部屋のそうじがスむ。
⑤ 小さな町にスむ。
⑥ はさみで生地をタつ。
⑦ 雪山で消息をタつ。
⑧ 健康のためたばこをタつ。
⑨ 大きな岩の上にタつ。
⑩ 山で山菜をトる。
⑪ 看護師の資格をトる。
⑫ けがをナオす。
⑬ 化粧をナオす。
⑭ ヤサしい問題から解く。
⑮ ヤサしい気持ちになる。

（29の答え）

①温　②暖　③誤　④謝　⑤現　⑥著　⑦表　⑧治　⑨収　⑩修　⑪納　⑫飼　⑬買　⑭差　⑮指

32 熟字訓 (2)

/30

① 紅葉　② 木綿
③ 八百屋　④ 浴衣
⑤ 行方　⑥ 寄席
⑦ 若人　⑧ 硫黄
⑨ 息吹　⑩ 浮気
⑪ 乙女　⑫ 風邪
⑬ 蚊帳　⑭ 為替
⑮ 玄人　⑯ 早苗
⑰ 尻尾　⑱ 老舗
⑲ 芝生　⑳ 数珠
㉑ 白髪　㉒ 相撲
㉓ 草履　㉔ 足袋
㉕ 稚児　㉖ 投網
㉗ 雪崩　㉘ 吹雪
㉙ 迷子　㉚ 猛者

（31の答え）

①あずき　②あま　③いくじ　④いなか　⑤うば　⑥えがお　⑦かぐら　⑧かし　⑨くだもの　⑩ざこ　⑪さみだれ　⑫しぐれ　⑬しない　⑭じゃり　⑮しろうと　⑯しわす　⑰だし　⑱たち　⑲たなばた　⑳つゆ　㉑なこうど　㉒なごり　㉓のりと　㉔はかせ　㉕はとば　㉖ひより　㉗まじめ　㉘みやげ　㉙むすこ　㉚めがね

ひっぱると，はずして使えます。

10分間で サクッと 総復習

中1·2の国語

解答編

1 部首・画数・筆順

本文 P.2

1 (1)オ (2)ク (3)ア (4)ケ (5)カ (6)エ (7)キ (8)コ (9)イ (10)ウ

2 (1)十二(画) (2)十一(画) (3)十(画) (4)九(画) (5)九(画) (6)六(画) (7)十二(画) (8)九(画) (9)十二(画) (10)七(画)

3 (1)十二(画) (2)七(画) (3)九(画) (4)八(画) (5)十三(画) (6)六(画) (7)十(画) (8)六(画) (9)三(画) (10)五(画)

4 (1)一(画目) (2)二(画目) (3)六(画目) (4)四(画目) (5)二(画目) (6)八(画目) (7)三(画目) (8)五(画目) (9)三(画目) (10)三(画目)

解説

1 部首には、それぞれ意味がある。部首の意味がわかれば、漢字の意味がわからないときに、その意味の見当をつけることができる。たとえば、(1)「れんが」は「火」、(2)「がんだれ」は「がけ・岩」、(3)「にんべん」は「人の動作・状態・性質」という意味がある。

3 (3)は筆順にも注意。四画目の筆順を間違えやすい。(8)は一画目と二画目に注意。四画で書かないようにしよう。

4 (1)似た字の「右」は、短い左はらいが一画目。違いを覚えておこう。(4)「はつがしら」(10)「りっしんべん」は、筆順を間違えやすい部首。

ポイント 部首・画数・筆順は、整理して覚えておくことが肝心《かんじん》。画数や筆順は、自分で何度も書いて覚えるのがいちばんよい。

2 熟語の構成・類義語・対義語

本文 P.4

1 (1)オ (2)エ (3)ウ (4)イ (5)ク (6)キ (7)ア (8)カ

2 (1)イ (2)ア (3)ア (4)ウ

3 (1)ア (2)イ (3)イ (4)ア (5)ア

4 (1)キ (2)ア (3)イ (4)オ (5)エ (6)ウ (7)コ (8)ク (9)カ (10)ケ

解説

2 (1)「然」は、前の漢字について「〜という状態」の意味を表す。「平然」「突然」「断然」などもこの意味。(2)「読書」は、上の「読」が動作、下の「書」が目的や対象を表している。(3)「温」と「暖」は、どちらも「あたた(-かい)」と読み、似ている意味の字が重なってできた熟語。(4)「松」「竹」「梅」は、どれもめでたいものとして、お祝い事の席で使われるもの。「雪月花」は、四季折々の美しいものを並べた熟語。

3 (1)「命中」は、球や矢などがねらったところにあたること。(2)「応接間」は、客人を迎える部屋のこと。(3)「風習」は、その土地に伝わる生活や行事、しきたりのこと。(4)「方法」も「手段」も「やりかた」という意味では似ているが、「方法」のほうが広義。

4 (1)「創造」は、「破壊」と対義語になることもあるが、ここでは、これまでにない新しいもの、オリジナリティのあるものをつくりだすという意味で、「模倣《もほう》」の対義語である。(5)「異色」は、ほかとは違う性質や特色のあること。ほかと大きな違いがないという意味の「平凡」が対義語。

ポイント 熟語の構成を考えるときには、それぞれの漢字のもつ意味をふまえたうえで、漢字と漢字の関係性を捉《とら》えていく。類義語は、微妙《びみょう》な意味の差を捉えるために、用例も一緒《いっしょ》に覚えておくとよい。

3 ことわざ・慣用句・故事成語

本文 P.6

1 (1)イ (2)エ (3)ア (4)ウ (5)オ

2 (1)エ (2)イ (3)オ (4)ウ (5)ア

3 (1)手 (2)足 (3)肩 (4)画 (5)葉 (6)根 (7)油

4 (1)エ (2)ア (3)ウ (4)イ (5)オ

解説

1 (2)似た意味のことわざに「蛇《じゃ》の道は蛇《へび》」があるが、この「道」は、悪事に関する意味を含んでいる。(4)「月とすっぽん」も似た意味のことわざ。「提灯《ちょうちん》に釣り鐘」は、見た目が似ていても中身が違いすぎるもの、「月とすっぽん」は、形が似ていても美しさに大きな差があるもののたとえ。

2 (1)「暖簾《のれん》に腕押し」も同じ意味。「馬の耳に念仏」や「豚《ぶた》に真珠《しんじゅ》」も似た意味に取られることが多いが、こちらは、その物の価値がわからない者に与えても無駄《むだ》だという意味をもっている。(3)「弘法《こうぼう》も筆の誤り」も同じ意味。

3 (1)「手」の漢字を含む慣用句は多いので、合わせて覚えておくとよい。「濡《ぬ》れ手で粟《あわ》」「喉《のど》から手が出る」「両手に花」「上手《じょうず》の手から水が漏《も》れる」など。(7)勢いのあるものに、より勢いをつけること。多くは、その結果として悪いことを引き起こす場合に使われる。

4 故事成語とは、昔から伝わっている故事からできたもの。(1)は『荘子』、(2)は『論語』、(3)は『列子』、(4)は『孟子《もうし》』、(5)は『漢書(枚乗伝)』という書物がそれぞれ出典となっている。

ポイント ことわざ・慣用句の多くは、たとえであり、そのままの意味とは別の意味で用いられる。用例と意味を正しく覚えておこう。

4 文の組み立て

本文 P.8

1 (1)五 (2)五 (3)六

2 (1)コ (2)ウ (3)キ (4)ケ (5)エ (6)イ (7)シ (8)カ (9)サ (10)ア

3 (1)× (2)○ (3)○

4 (1)ウ (2)ア (3)エ (4)オ (5)イ

解説

1 (1)「吹いたような」で一文節。(2)「結論である」は「結論で/ある」の部分で区切って二文節となる。(3)「競い合っていた」は、「競い/合っていた」ではなく「競い合って/いた」の部分で区切る。

2 (7)(9)独立語(部)は、直後に「。」をつけても文に大きな意味の変化が起きない。「応答」「呼びかけ」「挨拶」「提示」「感動」の五種類の意味があり、(7)は二文節からなる独立部で「提示」の意味を、(9)は一つの単語からなる独立語で「挨拶」の意味を表している。(10)主語は必ずしも文の初めにあるとは限らない。この文の述語は「本だった」であり、主語の「何が」にあたるのが「中身は」である。

3 (1)文と文をつなぐはたらきをもつのは、接続語。

4 (1)「買っ(た)」という用言を「どこで」が修飾している。(2)「走った」は述語、「子犬は」は主語。(3)「強ければ」は条件を表し、あとの「中止だ」につながっている。(4)「マフラー」と「手袋」を入れかえても、文の意味は変わらない。(5)「飛行機(に)」という体言を「新しい」が修飾している。

ポイント 文の成分や成分どうしの関係にはどのようなものがあるか、きちんと覚えておこう。

5 品詞の種類・活用のない自立語

本文 P.10

1 (1)ケ (2)ア・イ・ウ (3)コ (4)エ・オ・カ・キ・ク
(5)オ (6)エ (7)カ (8)キ

2 (1)二 (2)三 (3)二 (4)三 (5)四

3 (1)ウ (2)イ (3)ウ (4)ア (5)イ

4 (1)カ (2)エ (3)ウ (4)オ (5)ア (6)イ

解説

1 自立語とは、それだけで一つの文節をつくることのできる単語のこと。付属語は、それだけで文節となることができない。

2 名詞には「普通名詞」「固有名詞」「代名詞」「数詞」「形式名詞」の五種類がある。(1)は「子ども」「声」、(2)は「八パーセント」「濃度」「食塩水」、(3)は「遠足」「楽しみ」、(4)は「近道」「考え」「賛成」、(5)は「今」「うち」「エジソン」「偉人伝」が名詞。

3 副詞は主に用言を修飾し、連体詞は必ず体言を修飾する。連体詞には「～た」「～な」「～が」「～の」「～る」の五つの形があるので覚えておこう。(1)は「色」にかかる連体詞。(2)は「一度」を修飾しているが副詞。必ず用言を修飾するわけではないので注意する。(3)「理由」を修飾する連体詞。(4)主語になっているので名詞。(5)は「理解して」を修飾する副詞。

4 接続詞をはさんだ前後の文の関係を考えながらあてはめていく。「だから」は順接、「けれど」は逆接、「それから」は並列・累加、「なぜなら」は説明・補足、「あるいは」は対比・選択、「ところで」は転換。

ポイント 副詞が修飾する「用言」とは、動詞・形容詞・形容動詞の三つ。連体詞が修飾する「体言」とは、名詞のことである。

6 活用のある自立語

本文 P.12

1 (1)イ (2)ア (3)ウ (4)ウ (5)イ (6)ア

2 (1)イ (2)オ (3)ウ (4)ア (5)ア (6)エ (7)イ

3 (1)よめ (2)かい (3)げんきなら (4)あんぜんな
(5)し (6)こ (7)よま

4 (1)イ (2)ア (3)イ (4)エ (5)ウ

解説

1 (4)言い切りの形は「雄大だ」。「だ」で終わっているので、形容動詞。

2 「来る」は力行変格活用、「～する」はサ行変格活用。それ以外の動詞は「～ない」の形に直して考える。(1)「伸び（ない）」の「び」は母音がイなので、上一段活用。(2)言い切りの形が「する」なのでサ行変格活用。(3)「寝（ない）」の「寝」は母音がエなので、下一段活用。(4)(5)「泳が（ない）」「貸さ（ない）」の「が」「さ」は母音がアなので、五段活用。(6)言い切りの形が「来る」なので、力行変格活用。(7)「用い（ない）」の「い」は母音のイなので上一段活用。

3 (4)「自転車」という体言につながる連体形「あんぜんな」が答え。

4 (1)「輝く」という用言（動詞）につながるので連用形。(2)直後に「ない」が接続しているときは未然形。(3)形容詞で直後に「た・て・なる」が接続しているときは連用形。(4)「時間」という体言（名詞）につながるので連体形。(5)直後に「。」があるので終止形。

ポイント 動詞・形容詞・形容動詞の見分けかた、動詞の活用の種類はもちろん、形容詞と形容動詞については、活用そのものもきちんと覚えてしまおう。

7 助詞

本文 P.14

1 (1)× (2)○ (3)× (4)○ (5)× (6)○

2 (1)ウ (2)エ (3)ア (4)イ (5)ア (6)ア (7)ウ (8)イ

3 (1)ウ (2)イ (3)サ (4)エ (5)キ (6)ア (7)オ (8)カ (9)シ (10)コ (11)ク (12)ケ (13)カ

解説

1 (1)連体修飾語をつくるのは格助詞。(3)格助詞は主に体言につく。(5)接続語をつくるのは接続助詞。

2 用言に接続しているので(1)(7)が接続助詞。(1)は順接、(7)は逆接の関係を表す。文の終わりについているので(2)は終助詞。体言に接続しているので(3)(5)(6)は格助詞。(3)は原因、(5)は並立、(6)は連体修飾語を表す。(4)(8)は体言に接続しているが、(4)は類推、(8)は程度の意味を表しているので副助詞。

3 (2)(4)はともに格助詞の「に」だが、(2)は結果、(4)は原因を表す。(7)は格助詞の「の」であり、準体助詞を表す。準体助詞とは、体言や用言の連体形について、体言の代わりに用いられる助詞のこと。「もの」と置きかえることができる。(11)の「の」は、疑問を表す終助詞。

ポイント 助詞は、同じ形でもはたらきや意味が異なることがある。どのようなはたらき、意味があるのかをよく確認し、見分けることが大切。

8 助動詞

本文 P.16

1 (1)エ (2)イ (3)ウ (4)イ (5)エ (6)エ (7)エ

2 (1)たけれ (2)そうなら (3)られ (4)らしかっ (5)ような (6)せ (7)なかろ

3 (1)ウ (2)イ

4 (1)オ (2)エ (3)ア (4)ウ (5)イ

解説

1 (1)意志を表す「よう」。(2)希望を表す「たい」。(3)受け身を表す「られる」。(4)比喩を表す「ようだ」。(5)過去を表す「た」。(6)使役を表す「せる」。(7)丁寧《ていねい》を表す「ます」。

2 (1)希望を表す「たい」を活用させる。(2)様態を表す「そうだ」を活用させる。「そうだから」「そうなので」などと書かないよう、活用を確認しておく。(3)受け身を表す「られる」を活用させる。(4)推定の「らしい」を活用させる。(5)推定の「ようだ」を活用させる。(6)使役の「せる」を活用させる。(7)打ち消しの「ない」を活用させる。推量の助動詞「う」に続くので未然形にする。

3 (1)ア・イ・エは可能。ウは尊敬。(2)ア・ウ・エは伝聞。イは様態。

4 (1)「ない」と置き換えることができる、打ち消し「ぬ」の終止形。(4)「れる」には、「受け身」「可能」「自発」「尊敬」の四つの意味がある。ここでは、受け身の意味。(5)動詞の「歩く（五段活用）」を可能表現にするには、下一段活用の形をとって「歩ける」とするほかに、「歩か（五段活用の未然形）」＋「れる（可能）」という形をとることもできる。

ポイント 同じ形でも、意味が異なる助動詞に注意。特に「れる」「られる」の「受け身」「可能」「自発」「尊敬」の四つの意味については、よく確認しておこう。

9 敬語

本文 P.18

1 (1)ア (2)イ (3)ウ (4)イ (5)ア (6)イ (7)ウ

2 (1)ア (2)ウ (3)イ (4)ア (5)ア (6)イ

3 (1)お犬→犬 (2)○ (3)拝見→ご覧
(4)いらっしゃいません→おりません

4 (1)申して
(2)おめしあがりください（お食べになってください）
(3)いらっしゃる（おいでになる）
(4)うかがい（まいり）

解説

1 (1)(5)話し手が相手側を敬っているので、尊敬語。(2)(4)(6)話し手が、自分がへりくだることで相手を敬っているので、謙譲語。(3)(7)自分と相手に立場の上下がないと考えられるので、丁寧語。

2 (1)「来る」のは「先生」なので、尊敬語。(2)文の中に話題となる人物が出てこないので、聞き手に敬意を表す丁寧語。(3)「母」は、自分の身内なので謙譲語。(4)「先生」に対して書く手紙なので、尊敬語。(5)「言う」のは「先生」なので、尊敬語。(6)「もらう」のは話し手なので謙譲語。

3 (1)「犬」には尊敬語を使わない。(3)動作の主体は「校長先生」なので、尊敬語を使う。「拝見（する）」は「見る」の謙譲語。(4)「母」は、自分と同列の身内として考えるので、尊敬語の「いらっしゃいません」は不適切。

4 (1)言うのは「姉」なので、謙譲語にする。(2)食べるのは相手側なので、尊敬語にする。(3)「来る」のは「先生」なので、尊敬語にする。(4)行くのは「母」なので、謙譲語にする。

ポイント　敬語は、動作の主体で尊敬語か謙譲語かを見分けよう。

10 指示語・接続語

本文 P.19～20

〈まとめの解答〉(1)丸く (2)ア

1 (1)必要は発明の母である
(2)イ (3)エ
(4)重量物移送装置・ボールスライダー

解説

1 (1)——線①より前に書かれている内容に着目すると、「必要は発明の母である」「言い古されたことば」という二つを見つけることができる。しかし、「言い古されたことば」は字数に合わないだけでなく、——線①にあてはめて文章を読み直したときに意味が通じないので、正答ではない。
(2)[A]の前後の文章が、どのような関係でつながっているかを考える。[A]の前では、「必要は発明の母である」ということばは、ものづくりの世界でいまも生きているということが書かれている。[A]のあとでは、その例として「重量物移送装置（ボールスライダー）」のことが説明されている。[A]の前で書かれていることの例が続いているので、例示の接続語があてはまる。
(3)ふつうの「ころ」にどのようなものを利用するかについて、[B]の前後で「丸太ん棒のような」「太いパイプのようなもの」と選択するものが続いているので、対比・選択の接続語「あるいは」があてはまる。
(4)この指示語は直前の段落全体を指しているので、前を順にさかのぼり、字数に合う装置名を探す。

ポイント　指示語と接続語の読み取りは、説明的文章だけでなく、文学的文章や詩などでも重要。ひとつひとつ丁寧《ていねい》におさえよう。

11 理由・根拠を読み取る

本文 P.21〜22

〈まとめの解答〉 (1)お医者さん (2)日本が農業〜てきたため

1 (1)Aふり廻され　B考える力

(2)忘れる

(3)例 それまでの知識を忘れて、新しい考えをしぼり出す

解説

1 (1)筆者は、知識には「適量」の「良い知識」と「よけいな知識」があり、知識に「ふり廻《まわ》され」てしまわないためには、「よけいな知識はほどよく忘れなければならない」と述べている。逆をいうと「知識が多すぎる（よけいな知識を忘れないまま残しておく）」と「ふり廻され」てしまうのである。B の直前にある「ひとが考えないことを」という表現は、そのまま文章中にあり、B には「考える力」が入る。

(2)＊ 直前の「この」に着目し、直前の文を読むと、「覚える」「忘れる」という言葉が見つかる。人間は ＊ ことによってコンピューターに勝っていること、コンピューターは「覚える」ことは得意だが「忘れる」ことは苦手だという本文の内容から、＊ には「忘れる」が入ることがわかる。

(3)□ 直後の「思考力」に着目し、文章中の「そういう思考力」をおさえる。「そういう」は直前の文の「いったん捨てて、新しい考えをしぼり出す」を指しており、「新しい考えをしぼり出す」ためには「いったん捨て」なくてはならないものは、「それまでの知識」である。

ポイント 空欄《くうらん》補充《ほじゅう》の問題では、空欄の前後に答えのヒントがあることが多い。傍線を含む一文、空欄の前後を必ず確認したうえで、ふさわしい言葉を探していこう。

12 段落・構成をつかむ

本文 P.23〜24

〈まとめの解答〉 (1)ウ (2)4段落

1 (1)1段落グローバリゼーション

2段落グローバルスタディーズ

(2)ア (3)役に立たな〜というもの

解説

1 (1)説明的文章において、話題となる事柄《ことがら》（キーワード）は、文章中で何度も使われる。1段落でくり返し出てくるキーワードは「グローバリゼーション」。「 」を使って強調されている点にも注目しよう。2段落は「では」という話題の転換《てんかん》を示す接続語で始まっており、1段落の「グローバリゼーション」とは異なる話題が示されることがわかる。ここでは「グローバルスタディーズ」である。

(2)5段落の初めの「ところが」という接続語は、これまで述べてきた内容とは逆のことを述べるさいに使用される。4段落では「あらゆるものには値段がつく」という内容が、5段落では「稀《まれ》に値段がつかないものがある（尊厳がある）」という内容が述べられている。

(3)哲学《てつがく》というものに対する筆者の考えについて書いてある箇所《かしょ》を探す。説明的文章において筆者の考えは、最初、あるいは最後に書かれていることが多く、今回は最後の6段落が該当《がいとう》する。「哲学は」に続く「役に立たない、けれども、ないと困るというもの」の初めと終わりの五字ずつを書き抜く。

ポイント 説明的文章の全体をおさえた理解には、キーワードを見つけること、接続語に着目して段落どうしの関係を捉えること、筆者の考えを読み取ることが大変重要なステップとなる。

13 登場人物・場面をつかむ

本文 P.25〜26

〈まとめの解答〉

(1)操・樺島（至剛）

(2)A転校　B配慮（人柄）　C情けない思い

1 (1)静かにたたずむ湖や山々

(2)斉藤多恵

(3)1 例斉藤多恵の歌うアヴェ・マリア。

2催眠術にかけられたように

解説

1 (1)文学的文章の読解において、登場人物、時間、場所、出来事の把握は怠らないようにしたい。この場面では、登場人物は「ぼく」と斉《さい》藤多恵《とうたえ》、時間は不明、場所は「湖や山々」、出来事は斉藤多恵の歌声に「ぼく」が感動する、である。字数の指定があるので、少し前から「静かにたたずむ湖や山々」を抜き出す。

(2)登場人物は「ぼく」と斉藤多恵。「彼女」は、斉藤多恵である。

(3)1　斉藤多恵がアヴェ・マリアを歌い、「ぼく」が感動して涙を流す場面。場面を把握していれば、「ぼく」が斉藤多恵の歌を聞いているということは推察できる。

2　「ような」「ように」の「たとえの表現」に着目すると、文章中に「催眠術にかけられたように」という表現が見つかる。

ポイント 「十一字で」や「たとえの表現」など設問に書かれたヒントに着目しよう。記述問題の文末をどのようにするかも、設問に書かれていることが多い。

14 心情を読み取る

本文 P.27〜28

〈まとめの解答〉 (1)合点がいったように頷いた　(2)ウ

1 (1)例もう進めない

(2)A十五メートルを完走　B折り返し点までたどり着く

(3)イ

解説

1 (1)直後の一文に「もうだめ、というのが全身から伝わった。」とある。「もうだめ」というのが、このときの高野《たかの》さんの気持ちである。「だめ」を「進めない」などに言いかえて答えをつくる。

(2)A　A の前にある「いままで一度もなかった」に着目する。文章中に「そんなの、いままで一度もなかった」とあり、「そんなの」は前の「十五メートルを完走」を指している。

B　B は「成しとげ」ることなので、「十五メートルを完走」と同様の内容が入るとわかる。字数指定にしたがって文章を読み進めると、「折り返し点までたどり着く」が見つかる。

(3)□を含む一文を読むと、「いつもの泣き虫の高野さん――でも」という表現がある。今まで十五メートルを完走できなかった「泣き虫の高野さん」がいつも流す涙とは違《ちが》う涙をここでは流している。ア・エは負の気持ちから流れる涙なので誤り。ウを選ぶと、今まで高野さんが泣いたところを見たことはないという意味になるので、誤り。うれしい気持ちが極《きわ》まって流れる「うれし涙」のイが正答。

ポイント 登場人物の気持ちには、その人物がとった行動や、その場面で起きた出来事が深く関係している。どんなことが起きて、どんな気持ちになって、どんな行動をとったのかを丁寧《ていねい》に捉えていこう。

15 詩の読解

本文 P.29～30

〈まとめの解答〉(1)ウ　(2)ウ

1 (1)口語自由詩　(2)暖い一団の心　(3)ア　(4)A早さ　B勇ましく

解説

1 (1)詩は、用語のうえから口語詩または文語詩、形式のうえから定型詩または自由詩に分類される。この詩は、現代語（口語文法）で書かれているので口語詩、自由な形（音数）で書かれているので自由詩、両者を合わせて口語自由詩である。

(2)二・三行目に「百羽ばかりの雁が／一列になつて飛んで行く」とあり、最後から四・五行目には「一団になつて飛んで行く／暖《あたたか》い一団の心よ。」とある。行を入れかえると、「百羽ばかりの雁」は「暖い一団の心」に言いかえられていることがわかる。

(3)「彼等」は「百羽ばかりの雁」。人でないものを人にたとえているので、アの擬人法を選ぶ。

(4)[A]は主語が「雁」なので、雁の動作を表現した部分を探していく。[B]は直後の「飛んで行く」に着目する。詩の中で「飛んで行く（ゆく）」につながるのは「一列になつて」「いたはり合ひ助け合つて」「勇ましく」「一団になつて」の四つ。この中から字数に合うものを選ぶ。

ポイント　詩の問題では、用語・形式や表現技法を問われることも多いので、よく確認しておこう。

16 短歌・俳句の読解

本文 P.31～32

〈まとめの解答〉(1)C　(2)F・秋　(3)Eや　F哉

1 (1)C　(2)Bウ　Dエ　(3)C　(4)E蟬・夏　F雪・冬　G天の川・秋　H万緑・夏　(5)自由律俳句（無季自由律）　(6)例万緑の緑色（と）吾子の歯の白色

解説

1 (1)四句目の末に「。」を入れることができるものを選ぶ。Aは三句切れ、B・Dは句切れなし。

(2)Bは、結句が「あたたかさ」と名詞の形で終わっているので、ウの体言止めを選ぶ。Dは「一目みん／一目見ん」と同じ表現がくり返されているので、エの反復を選ぶ。

(3)「今朝の寒さを驚きぬ」とあり、これは、冬が来たことに気づいた、という内容。同様に季節が変わったことを詠《よ》んだ短歌は、C。蜜柑《みかん》の香に冬が来たことを感じ取っている。

(4)Gの「天の川」は旧暦《きゅうれき》七月（現在の八月）の季語。旧暦では七～九月を「秋」と呼んでいたことから、「天の川」は秋の季語である。

(6)「万緑《ばんりょく》」は夏の季語で、一面に緑あふれる様子を表している。生えはじめたばかりの吾子《あこ》の歯のみずみずしい白との対比を詠んだ俳句。

ポイント　定型詩で文字数に制限のある短歌や俳句では、詠まれた情景がどのようなものであるかを、作者がそこに覚えた感動とともに読み取ることが大切。

17 歴史的仮名遣い・係り結び・語句の省略

本文 P.33〜34

〈まとめの解答〉

(1)Aように　Bわずらいて　(2)ウ　(3)エ

1 (1)Aはしりまいりて　Bいわれけるは
(2)ウ　(3)こそ
(4)イ　(5)とりたりけ

解説

1 (5)強盗どもは「あの人(尼《あま》)の物はとるべきではなかった」と考えた。

【現代語訳】
横川《よかわ》の恵心僧都《えしんそうず》の妹、安養《あんよう》の尼のところに、強盗が入った。物を全部盗んで出ていったので、尼は紙で作った粗末な夜具だけを着て座っておられたところに、姉である尼のもとに、安養の尼の妹が住んでいたのだが、走り参上して見たところ、(強盗が)小袖《こそで》をひとつ落としていったのを取って、「これを強盗が取り落としています。お召しください」と言って持ってきたところ、尼のおっしゃることには、「これも盗んで自分の物と思っていることでしょう。持ち主が承諾しないものをどうして着られますか。強盗はまだ遠くへはまさか行かないでしょう。急いで持っていらっしゃり、お渡しください」と言ったので、門の方へ走り出て、「もし」と呼びかえして、「これを落とされましたよ。確かにさしあげましょう」と言ったところ、強盗たちは立ちどまって、しばらく思案している様子で、「まずいところに来てしまった」と、盗んだ物たちをも、そっくりみんな返し置いて帰ってしまったということだ。

ポイント　古文では主語が省略されがち。動作主を確認しながら読み進めよう。

18 動作主・会話・敬語

本文 P.35〜36

〈まとめの解答〉

(1)ウ　(2)丹後へ遣は〜りにたるや　(3)②イ　③ア

1 (1)D・ウ　(2)エ
(3)イ・エ　(4)その人、ほ〜うせにけり

解説

1 (3)「思《おぼ》し出づる所」の住人は、客人(ある人)が来るとは予想していないのに、香をたきしめ、筆者が見ていると気づいていないのに、しばらく月を眺めていたのである。

【現代語訳】
九月二十日のころ、ある人にお誘いいただいて、夜が明けるまで月を見て歩き回ったことがございましたが(そのときに)、(ある人が)お思い出しになったところがあり、取り次ぎをさせて入られた。荒れている庭で、露がいっぱいにおりているところに、わざわざたいたのではない香のかおりが、しっとりとかおっており、(住人が)世間から遠ざかって住んでいる様子は、たいへん趣深い感じがする。

よいころあいで(ある人は)出ていかれたのだけれど、なお(住人の)物事の様子が上品で優雅であると感じられて、物陰からしばらく見ていたところ、(住人が)妻戸をもう少し押し開けて、月を見ている様子である。すぐにかぎをかけて閉じこもれば、残念なことであったろう。まだ見ている人がいるとは、どうして知っていようか。このようなことは、ただ普段の心がけによるものであろう。その人は、ほどなくして亡《な》くなってしまったと聞きました。

ポイント　敬語表現から動作主が判断できることもあるので、注意。

19 古文の読解

本文P.37〜38

〈まとめの解答〉

1 (1)致経が父平五大夫　(2)ウ　(3)ただにはあらぬ人

1 (1)イ　(2)例寝たふりをして待って　(3)エ

解説

1 (3)寝たふりを続けた少年と、それをわかっていながら少年をからかった僧たちのやりとりから内容を読み取る。

【現代語訳】

これも今となっては昔の話だが、比叡山延暦寺《ひえいざんえんりゃくじ》の僧に仕えた少年がいた。僧たちが宵の退屈しのぎに、「さあ、ぼた餅を作ろう」と言ったのを、この少年は期待をもって聞いた。「しかし、作りあがるのを待って寝ないのもきっとよくないだろう」と思い、片側に寄って、寝たふりをして作り上がるのを待っていたところ、すでにできあがった様子で、騒ぎ立てている。

この少年は「きっと起こすだろう」と待っていたところ、僧が、「もしもし。起きなさい」と言うのを、うれしいとは思うが、「ただの一回で返事をするというのも、待っていたのかと思うだろう」と思い、「もう一度呼ばれたら返事をしよう」とがまんして寝たふりをしているあいだに、「こら、起こしなさるな。幼い人は寝てしまわれたよ」という声がして、ああ困ったと思い、「もう一度起こしてほしい」と思い寝て聞けば、むしゃむしゃとただ食べに食べる音がしたので、どうしようもなくて、だいぶ時間がたってから、「はい」と答えたので、僧たちが笑うことに限りはなかった。

ポイント 「つれづれ」は「徒然草」と作品名にもなっている古語。よく出てくる古語は覚えておこう。

20 漢文の形式と読解

本文P.39〜40

〈まとめの解答〉　(1)イ　(2)宋人ニ有リ二耕スレ田ヲ者一

1 (1)家貧しくして油無し

(2)ア

(3)盛リ二数十ノ螢火ヲ一

(4)ウ

解説

1 (1)レ点は、下の字から上の字に返って読む。ここでは「油」を先に読んで、次に「無し」を読む。送り仮名はすべて平仮名で書くこと。

(2)「常には〜ず」は「いつも〜とは限らない」と訳す。「常に〜ず」となっている場合は「いつも〜でない」と訳すので注意する。

(4)「蛍雪の功」という故事成語のもとになった話である。苦労して学問を続け、のちにそれが報われるという意味の言葉。

【現代語訳】

晋《しん》の孫康《そんこう》は、幼いときから心が潔白で、友人も慎重に選んでいた。家が貧しく、（明かりのための）油がなかった。昔は、雪（の明かり）に照らして書物を読んだ。仕官したのち、官僚の監督《かんとく》のための役所の長官になった。

晋の車胤《しゃいん》は、幼いころからまじめに勤め励み、多くの書物を読んで博学であった。家が貧しくて、いつも（明かりのための）油を得られるとは限らなかった。夏には、ねり絹の袋に数十の蛍を入れ、書物を照らして読み、昼も夜も学んだ。のちに、尚書省《しょうしょしょう》の次官にまでなった。

ポイント レ点、一・二点などの返り点や送り仮名のつけかた、置き字など、漢文を読むときの基本的なルールを確認しよう。

中学1・2年の総復習テスト ①

本文P.42〜43

1 いただき
2 例つけたいからだ
3 首
4 イ
5 (1)エ (2)好奇心 (3)エ (4)イ

解説

1 主語が自分なので、謙譲語《けんじょう》にする。

2 「の」は「理由」と置きかえることができる準体助詞。「私が勉強をする理由は」に対応するように「〜から」の形で書く。

3 「一日千秋」とは、物事や人物が来るのが大変待ち遠しく、時間がとても長く感じられるという意味の四字熟語。それと同じような意味を表すのは、「首を長くして待つ」である。

4 先生に対する言葉で、作品を見るのは先生なので、「見る」の尊敬語「ご覧になる」を使う。

5 (1)「ならずとも」は、文語の断定の助動詞「なり」＋打ち消しの助動詞「ず」＋逆接の仮定条件の接続助詞「とも」で、「たとえ〜でなくても」という意味になる。

(2)空欄補充《ほじゅう》の問題では、必ず空欄を含む一文を読む。②は、「知識の創出」において、「問題に気づ」く段階で必要となってくるものである。また②を含む一文は、これまで述べた内容を言いかえたりまとめたりするときに使う接続語「つまり」で始まっているので、これより前の部分を読んで探していく。すると、一行目に「科学の研究の発端は、科学者個人の好奇心に基づいている。」とある。「探究心」も三字の言葉ではあるが、次の段落に「純粋な好奇心のみに基づいた探究の欲求」とあり、科学研究の基盤《きばん》としてよりふさわしいのは、好奇心であるといえる。

(3)空欄に入る接続語を答える問題でも、前後をよく読んで関係を捉える。③の前には「(自然の法則を明らかにするという研究の)結果やその応用については何ら気にせず」、あとには「(研究によってもたらされる)名声や褒賞《ほうしょう》への欲望もなく」とある。前のことは当然そうなのだから、あとのことは言うまでもなくという意味のエ「ましてや」を選ぶ。

(4)これまでの内容をふまえたうえで考える。前の段落で、科学者は「純粋な好奇心のみに基づ」き「自然の法則を明らかにしたいとの一念で謎に挑」み、「結果やその応用については何ら気に」しないと述べられている。――線④で示された科学者が夢中になる「箱を開けること」とは、研究のことであり、「どのようなものが飛び出してくるかについて一切頓着《とんちゃく》しな」いとは、研究によってもたらされる結果や応用について気にしないということである。――線④を含む一文に続く「そして……」で始まる一文の内容とも相違ないイが正しい。

ポイント 空欄補充の問題に限らず、傍線の内容を問う問題でも、前後をよく読んで考えることが大切。また、選んだ選択肢を一度空欄に戻し、不自然でないかを確かめよう。

中学1・2年の総復習テスト ②

本文P.44〜45

1 ウ
2 エ
3 ア
4 エ
5 (1)小さいとき　(2)ウ　(3)ア　(4)エ

解説

1 アは下一段活用「訪れる」の連用形。イは五段活用「驚く」の連用形。ウは五段活用「待つ」の連体形。エはサ行変格活用「する」の連用形。よって他と異なるのはウ。

2 ――線部は「救う」と「助ける」で、似た意味をもつ漢字を組み合わせてできている。アは「抑える」と「揚げる」で反対の意味をもつ漢字の組み合わせ。イは「樹《き》」を「植える」と読むことができ、上が動作、下が目的や対象の漢字になっている。ウは「会して」「議（はか）る」となり、上の字が下の字を修飾している。エは「運ぶ」と「送る」で似ている意味の漢字を重ねているので、エが正しい。

3 ア「目を見張る」は、驚いたり感心したりすること。イの「目を抜く」は、「生き馬の目を抜く」の形で用いられ、すばやく行動し、他人を出し抜くこと。ウの「目を配る」は、注意してよく見ること。エの「目を光らす」は、警戒し、監視《かんし》すること。よってアが正しい。ここでは「彼の活躍」に対しよい意味で用いられている。

4 「欲しく（形容詞『欲しい』の連用形）」、「ない（形容詞『ない』の終止形）」、「答え（動詞『答える』の連用形）」、「少なく（形容詞『少ない』の連用形）」、「きれいだ（形容動詞『きれいだ』の終止形）」、「言っ（動詞『言う』の連用形の促音便化《そくおんびん》）」、「ほめ（動詞『ほめる』の連用形）」の七つ。

5 (1)（　　）を含む一文から（　　）には、「昔を思い出」すことにつながる言葉が入ることがわかる。さらに――線①を含む一文には「懐《なつ》かしい気持ち」とある。ヨイが「懐かしい気持ち」になったのは、「小さいときからおばあちゃんだった煙草屋《たばこ》の女主人」が変わらずそこにいるのを見たからである。

(2)ア「気が詰まる」は、窮屈《きゅうくつ》に感じられること。イ「気が立つ」は、興奮していら立つこと。ウ「気が抜ける」は、張り詰めていた気持ちが切れること。エ「気が滅入る」は、落ち込《こ》んで元気がないこと。②のあとに「あっけなかった」とあることから、ウを選ぶ。

(3)結婚に反対され勘当されてはいるが、父から「乗っていけ」と言われた自転車のカゴには、結婚祝いの祝儀袋があったことから、父は本心ではまだヨイのことを可愛いと思っていることがわかる。このことと、「――勘当した娘を、家に上げるわけにはいかん」という言葉から正答を選ぶ。

(4)――線④の直前に「何を期待していたのだろう」とある。文章全体から、「期待」は「父との和解」「父からの理解」であると考えられるが、実際には、和解どころか家に上げてもらうことすらできなかったのである。父の強い意志と、ヨイの期待を含んだ選択肢を選ぶ。

ポイント　文学的文章では、登場人物どうしの関係や、場面をおさえたうえで、出来事・心情・行動をしっかり読み取ることが大切。

中学1・2年の総復習テスト ③

本文P.46〜48

1 エ
2 イ
3 イ
4 (1)イ　(2)③　(3)〈3〉
5 (1)まいり　(2)例すき間　(3)エ　(4)ウ　(5)エ

解説

1 「役不足」の本来の意味は、その人が持っている能力に対して、役目が不足している、本当ならもっと上の、大きな役目がふさわしいというものである。文章の例や、選択肢ア・ウでは、能力が役目に及ばないという意味になっており、本来の意味とは逆の「身に余る」や「分不相応」などの言葉と同様の用いられかたをしている。

2 「歩く」は述語だが、主語に該当する文節がないので、アは誤り。「ゆっくり」と「歩く」を入れかえると文の流れが不自然になるので、ウも誤り。「歩く」は「いる」や「みる」のような補助動詞にはならないので、エも誤り。よって答えはイの修飾・被修飾の関係。「ゆっくり」が「歩く」を修飾している。修飾語は原則として自身よりあとの文節を修飾することも覚えておくとよい。

3 例文は「昨日、自動車を使って……」と言いかえることができる。ここでの「で」は、手段を表す格助詞。アは形容動詞「平和だ」の活用語尾。イは手段を表す格助詞で、例文同様に「やかんを使って……」と言いかえることができる。ウは推定を表す助動詞「ようだ」の活用語尾。エは前後の用言をつなぐ接続助詞「て」が濁ったもの。正答はイ。

4 (1)「ユニークな答え」の内容を読み取る。山羊小母《やぎおば》の「なあんもさびしかないよ。……みんな話しているよ」から、イを選ぶ。アは、ご先祖さまのことについて触れていない。ウは、「お経は上げないけれど、その日にあったことはみんな話している」という内容と異なる。エは「全くさびしくないと強がっている」という点が文章中からは読み取れないので誤り。

(2)擬態語とは、様子や動きを、それらしい音を用いて表現した言葉のこと。この文章中で用いられている擬態語は、③段落目の「ぶすっぶすっ」「すいすい」である。

(3)「そんな物語や逸話」とあるので、直前に「物語や逸話」について書かれている箇所を探す。〈3〉の二文前に「そこに生きた人間の顔や、姿や、生きた物語とともに」と書かれている。

5 (1)歴史的仮名遣いでは、ワ行は「わ・ゐ・う・ゑ・を」と表記される。「ゐ」は「い」に直す。ほかにも「ぢ→じ」「む→ん」「くゎ→か」や、語頭と助詞以外の「は・ひ・ふ・へ・ほ」は「わ・い・う・え・お」に直す、また「ア段の音＋う（ふ）→オ段の音＋う」などの決まりがあるので、確認しておく。

(2)「庭一面に（　　）もないほど花が散ったまま」が古文の「庭の上に、所もなく花散りしきたりける」と対応している。「所」とは「場所」などの意味である。「（ 所 ）もないほど花が散っ」ている様子から、ここでの「所」は、「足の踏み場」や「すき間」という意味で用いられていることがわかる。

(3)古文では、主語が省略されることが多いので、動作の主が誰であるかを確認しながら読み進めていくことが大切。この場面に鳥羽院は登場していないので、「執行《しゅぎょう》なりける人」と「公文《くもん》の従儀師《じゅぎし》」のどちらかの言動だと考えられる。庭一面に散り敷いた花を見て腹を立てた人、「どうして今まで掃除をしなかったのだ」と言った人、どちらも「執行なりける人」である。
(4)現代語において「ふしぎ（なり）」とは、奇妙なこと、ふつうでは考えられないこと、あやしいことなどの意味であるが、古語では現代語の意味に加え、非常識である、思いがけないことであるといった意味がある。ここでは、「執行なりける人」が「どうして今まで掃除をしなかったのだ」と叱り、腹を立てている場面なので、ウ「非常識なことだ」があてはまる。
(5)直訳すると「(花が)散るのもつらい。散り敷いた庭を掃くのもつらい。花にもの思いをする春のとのもり」となる。アは「掃かずにいると叱られる」、イは「花が散るのはつらくないが、散った花を～はつらいので」、ウは「面倒だ」の部分が誤り。

【現代語訳】
鳥羽院《とばいん》が世を治められていた時、花が満開の時期に、法勝寺《ほっしょうじ》へお出かけなさろうとしたおりに、寺の世話をしている執行が、それを知って急いで寺に参上したところ、庭一面に、すき間もないほど桜の花が散り敷いていたのを「なんということだ。今すぐお出かけがあろうというのに、今まで庭を掃かせなかったのか。」と叱り、腹を立てて、公文《くもん》の従儀師を呼んで、「今までどうして掃除をしなかったのだ。非常識なことだ。」と言ったところ、（従儀師は）さっとひざまずいて、

散るもうし散りしく庭もはかまうし花に物思ふ春のとのもり

（花が散るのもつらい。美しく散り敷いた花を掃くのもつらいので、
花にもの思いをする春のとのもり（は、いらっしゃる鳥羽院のために、
庭を掃かないでおいています）。）

と詠《よ》んだ。

☆21